**essentials**

*essentials* liefern aktuelles Wissen in konzentrierter Form. Die Essenz dessen, worauf es als „State-of-the-Art" in der gegenwärtigen Fachdiskussion oder in der Praxis ankommt. *essentials* informieren schnell, unkompliziert und verständlich

- als Einführung in ein aktuelles Thema aus Ihrem Fachgebiet
- als Einstieg in ein für Sie noch unbekanntes Themenfeld
- als Einblick, um zum Thema mitreden zu können

Die Bücher in elektronischer und gedruckter Form bringen das Expertenwissen von Springer-Fachautoren kompakt zur Darstellung. Sie sind besonders für die Nutzung als eBook auf Tablet-PCs, eBook-Readern und Smartphones geeignet. *essentials:* Wissensbausteine aus den Wirtschafts-, Sozial- und Geisteswissenschaften, aus Technik und Naturwissenschaften sowie aus Medizin, Psychologie und Gesundheitsberufen. Von renommierten Autoren aller Springer-Verlagsmarken.

Weitere Bände in der Reihe http://www.springer.com/series/13088

Tao Zhu

# Aufbau einer professionellen Einkaufsabteilung

Von Alltagshektik zu einer praktischen Systematik – Ein Erfahrungsbericht

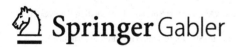

Tao Zhu
Freising, Deutschland

ISSN 2197-6708    ISSN 2197-6716 (electronic)
essentials
ISBN 978-3-658-31642-6  ISBN 978-3-658-31643-3 (eBook)
https://doi.org/10.1007/978-3-658-31643-3

Die Deutsche Nationalbibliothek verzeichnet diese Publikation in der Deutschen Nationalbibliografie; detaillierte bibliografische Daten sind im Internet über http://dnb.d-nb.de abrufbar.

Planung/Lektorat: Susanne Kramer
Springer Gabler ist ein Imprint der eingetragenen Gesellschaft Springer Fachmedien Wiesbaden GmbH und ist ein Teil von Springer Nature.
Die Anschrift der Gesellschaft ist: Abraham-Lincoln-Str. 46, 65189 Wiesbaden, Germany

# Was Sie in diesem *essential* finden können

1. Angesichts vieler Baustellen und realer Zwänge im Einkauf, z. B. Ressourcenknappheit, ist der Anfang einer Verbesserung schwer zu finden. Hier wird eine Möglichkeit vorgestellt, die nicht nur eine sofortige Verbesserung bewirkte, sondern eine Kettenreaktion auslöste und schließlich zu einer umfassenden Veränderung führte.

2. Da fast alle Bereiche des Einkaufs von der Veränderung betroffen waren, werden zahlreiche praktische Hinweise und Überlegungen zu verschiedenen Themen im Einkauf beschrieben, wie z. B. Aufbau des Controllingsystems, des Supplier Managements, der Einkaufsstrategie sowie Kriterien für eine richtige Kategorie-Strategie.

3. Es wird ein innovativer Prozess für den strategischen Einkauf vorgestellt, der nicht nur die wichtigsten Teilprozesse im Einkauf integrierte, wie z. B. den Austausch mit Geschäftseinheiten, das klassische Sourcing und Supplier Management, sondern auch viele scheinbar singuläre Methodiken/Arbeitspakete, wie z. B. Early-Involvement, Make-or-Buy oder Lieferanten-Entwicklung, etc. Der Austausch mit den Geschäftseinheiten wird standardisiert und bildet den Auftakt des Prozesses.

4. Mit den zwei Beispielen im letzten Kapitel wird verdeutlicht, dass eine professionelle Einkaufsabteilung über gewöhnliche Bestellabwicklungen und Einsparungsziele hinaus einen noch größeren Beitrag für ein Unternehmen leisten kann. Sie ist in der Lage, das Potenzial der Lieferanten-Märkte für das eigene Geschäft noch besser auszuschöpfen.

5. Alle hier vorgestellten Ergebnisse wurden in der Praxis mit Erfolg umgesetzt. Die Veränderung war getrieben vom realen Druck und fand in einem realen Geschäftsumfeld statt. Bei der Schilderung werden auch die Motivationen und Hintergrundüberlegungen der einzelnen Schritte ausführlich dargestellt. Dies soll es den Lesern erleichtern und sie ermutigen, die vorgestellten Lösungsansätze bei Bedarf zu modifizieren und/oder eigene zu entwickeln.

# Vorwort

Der Alltag eines Managers im Einkauf ist häufig durch das operative Geschehen dominiert: Meetings mit internen Partnern, Verhandlungen mit Lieferanten, Unterschreiben von zig Ordern am Tag, Koordinieren von internen Abläufen, Verfolgen von Einsparungszielen etc. Kommt es zu Veränderungen oder Neuentwicklungen im Geschäft, was heutzutage permanent passiert, wie z. B. zur Einführung/Kündigung eines Produkts oder zur Verlagerung eines Fertigungsstandorts, ist der Einkauf immer involviert und eine Phase mit viel Hektik ist in meisten Fällen unvermeidlich. Wenn die Lieferkette nicht reibungslos läuft, z. B. wenn Zukaufsteile nicht rechtzeitig geliefert werden und im Fertigungs- oder Montageplan eine Verschiebung droht, dann ist die Panik groß. Krisenmeetings oder Eskalationsmails sind häufig die Folge. Auch wenn ein unbedeutendes Teil zu einem überhöhten Preis gekauft wurde, könnte es zu einem Politikum werden. Spätestens dann ist der Einkaufsmanager als Krisenmanager gefragt und steht häufig unter Erklärungsdruck.

Der Druck kommt in den meisten Fällen von intern. Kommentare, wie z. B. „Unser Einkauf hat keine Strategie.", „Wir haben die Preise nicht im Griff.", „Wir können die vom Einkauf ausgewiesenen Einsparungen nicht nachvollziehen." oder bei einem zentral organisierten Einkauf „Wenn wir selber einkaufen, wäre es effizienter." etc., können den Einkauf stark in die Enge treiben. Der Unterton enthält häufig Zweifel an der Kompetenz und der Professionalität des Einkaufs und auch die Unterstellung, dass jeder einkaufen kann.

Dabei ist ein Einkaufsmanager häufig in einer Zwickmühle: Einerseits sieht er auch die Unzulänglichkeit und den Verbesserungsbedarf in vielen Bereichen, wie z. B. die Kommunikation mit internen Partnern, die Einkaufsstrategie, die Entwicklung der neuen Lieferanten, Supplier Management, interne Arbeitsprozesse etc. Er ist sich dessen bewusst, dass nur eine professionelle Vorgehensweise die Zweifel entkräften kann.

Andererseits ist er wieder ein wenig ratlos: Wann soll man dies alles machen, wenn die Ressourcen bereits zu 100 % im täglichen Geschehen verbraucht wurden, und womit sollte man angesichts der vielen „Baustellen" anfangen? Insbesondere stellt sich die Frage, ob es tatsächlich eine professionelle Vorgehensweise gibt, die die vielen Einzelaktionen in verschiedenen Bereichen des Einkaufs strukturieren kann und gleichzeitig die täglichen Probleme löst.

Vor so einer Situation stand ich vor vielen Jahren, als ich die Stelle des Einkaufsleiters in der Landesgesellschaft einer multinationalen Firma antrat. Der Alltag war damals stark von Krisen und Hektik geprägt und wir waren getrieben von vielen unerwarteten Ereignissen. Aus der Not haben wir einen Weg eingeschlagen, der uns schließlich aus der Situation der „Getriebenen" befreite und zu einer professionellen Einkaufsabteilung führte.

Das *Essential* schildert diese reale Entwicklungsgeschichte über eine Dauer von ca. fünf Jahren. Die Veränderungen waren tief greifend und umfassend: Wichtige Funktionen im Einkauf, wie z. B. ein Controlling-System oder Supplier Management, wurden aufgebaut. Die Einkaufsstrategie wurde konkretisiert und Handlungsempfehlungen für Kategorie-Strategie definiert. Der Austausch mit Geschäftseinheiten wurde standardisiert und ein innovativer Prozess für den strategischen Einkauf etabliert, der nicht nur alle unsere Aktivitäten (außer Bestellabwicklungen) abdeckte und miteinander synchronisierte, sondern auch die üblichen Methodiken/Arbeitspakete in der Einkaufswelt integrierte. Schließlich wurde die Organisation mit klaren Aufgabenbeschreibungen und Interfacedefinitionen vervollständigt. Da jeder Veränderungsschritt gleichzeitig auch eine Entlastung brachte, fand die Entwicklung ressourcen-neutral statt. Diese Entwicklung hat uns nicht nur aus einer passiven Situation befreit, sondern auch neue Erfolge beschert, die bisher nicht vorstellbar waren.

Die Reihenfolge der Schilderung entspricht der zeitlichen Entwicklung der realen Geschichte. Dabei wurden auch die entsprechenden Umstände und Motivationen ausführlich dargestellt. Nicht nur die Ergebnisse, sondern auch der Veränderungsprozess könnten für andere Kollegen in der Einkaufswelt interessant sein, insbesondere wenn sie sich in einer ähnlichen Situation befinden und noch auf der Suche nach einer Befreiung sind.

Rückblickend war die Entwicklung für viele Beteiligte ein intensiver Lernprozess und ein erfolgreiches Erlebnis. Ich möchte mit diesem Buch nicht nur diese reale Entwicklung und die vielen Erfahrungen dokumentieren, sondern auch meinen herzlichen Dank an meine Kollegen im Einkauf und in anderen Abteilungen zum Ausdruck bringen. Es ist unsere gemeinsame Erinnerung an die spannenden Jahre!

Tao Zhu

# Inhaltsverzeichnis

# Ausgangssituation

1

Als ich vor vielen Jahren die Stelle als Einkaufsleiter einer Landesgesellschaft antrat, umfasste die Einkaufsabteilung mehr als 50 Mitarbeiter. Das jährliche Einkaufsvolumen betrug ca. 300 Mio. EUR. Das sah zuerst vernünftig aus, dennoch war der Alltag stets von Hektik und vielen Krisen dominiert. Die Schwierigkeiten lagen in der Komplexität, die sich aus drei Perspektiven summierten: Geschäftsart, Organisation und Produkte.

## 1.1 Komplexität durch die Geschäftsart

Die Firma war eine klassische europäische Maschinenbaufirma, die in den letzten Jahren durch eigene Entwicklungen und Akquisitionen sehr erfolgreich gewachsen war, sowohl in traditionellen als auch in neuen Geschäftsfeldern. Das Geschäft war über zehn Geschäftseinheiten (auch als „Divisionen" bezeichnet) gegliedert. Sie unterschieden sich nicht nur in ihren Märkten und Produkten, sondern auch in ihren Geschäftsarten: Anlagen-, System- und Produktgeschäft. Zusätzlich fokussierten sich zwei Divisionen auf das Service- und Ersatzteil-Geschäft. Die Dynamiken, Geschäftsprozesse und damit auch die Anforderungen an die Supply Chain waren in den Divisionen sehr unterschiedlich. Für das Anlagengeschäft (auch „Projektgeschäft" genannt) mussten beispielsweise viele Teile direkt vom Lieferanten zu den Baustellen geliefert werden.

Ein vernünftiger Forecast war fast unmöglich. Dies galt insbesondere für das Anlagengeschäft. Das jährliche Einkaufsvolumen der einzelnen Divisionen variierte sehr stark und konnte das 2- bis 3-fache des vorherigen Jahres oder umgekehrt betragen. Das war eine hohe Anforderung an die Einkaufsabteilung und die Lieferanten, denn fast alle Komponenten wurden extern eingekauft und nur die Montage im eigenen Werk durchgeführt. Die Outsourcing-Quote betrug über 90 % der Fertigungsstunden. Aufgrund der Volatilität des Geschäfts variierte die Arbeitsbelastung in der Einkaufsabteilung ebenfalls sehr stark. Die Zahl der Bestellungen schwankte zwischen 3000 und 11.000 pro Woche und der Wert einer Bestellung lag zwischen einigen Euro bis zu mehreren 100.000 EUR.

## 1.2   Organisatorische Komplexität

Die Einkaufsabteilung war, wie die Fertigung und Qualitätsabteilung, zentral organisiert und berichtete direkt an den CEO. Parallel dazu gab es die Divisionen, die jeweils eigene Sales-, Projekt- und/oder Produkt-Organisation hatten. Die Einkaufsabteilung selbst befand sich in einem Integrationsprozess. Die Zentralisierung des Einkaufs hatte gerade begonnen. Alle einkaufsrelevanten Aufgaben der Divisionen, von Lieferantenauswahl über Orderplatzierung bis hin zur Warenlieferung, lagen in der Verantwortung der Einkaufsabteilung.

Die Zentralen der Divisionen befanden sich in mehreren verschiedenen europäischen Ländern und noch weiter waren die Design-Abteilungen der Divisionen in der ganzen Welt verstreut. Weil die Divisionen eigene historische Hintergründe hatten, waren die Geschäftspraktiken und verwendeten Prozesse sehr unterschiedlich. Auch die Herausforderungen durch kulturelle Unterschiede waren nicht zu unterschätzen.

Das Geschäftsvolumen der Divisionen und damit auch deren jeweiliges Einkaufsvolumen variierten sehr stark. Bei den großen Divisionen konnte das Einkaufsvolumen bis zum Zehnfachen der kleinen Divisionen betragen. Dennoch war eine Priorisierung nach Einkaufsvolumen politisch und geschäftlich nicht machbar. Im schlimmsten Fall hätte dies zu einer Dezentralisierung der Einkaufsabteilung führen können.

## 1.3   Komplexität durch die Produkte

Eine weitere Schwierigkeit war die Nicht-Standardisierung und Vielfalt der Produkte. Dies war einerseits durch die spezifischen Kundenanforderungen und andererseits durch die „freizügige" Entwicklung historisch bedingt. Das hatte zur Folge, dass unsere Einkaufsabteilung jedes Jahr Bestellungen für über 53.000 Sachnummern platzieren musste. Nur knapp 50 % davon wurden bereits im vorherigen Jahr und ca. 30 % kontinuierlich in drei aufeinander folgenden Jahren benutzt. Mit anderen Worten, wir hatten jedes Jahr mit einer erheblichen Anzahl neuer Materialien zu tun! Diese Vielzahl der neuen Komponenten verursachte eine Vielzahl von Entscheidungen und Abstimmungen im Abwicklungsprozess. Zusätzlich hatten die Divisionen häufig eigene bevorzugte Lieferanten, was auch für ähnliche Komponenten galt.

Diese Komplexitäten waren für alle Organisationen in der Supply Chain eine große Herausforderung. Eine Verringerung der Komplexitäten zugunsten von Supply Chain oder Einkauf wurde kaum für realistisch gehalten. Das Warten auf eine Verbesserung der Situation war leider auch keine realistische Option.

Die Einkaufsabteilung wurde vor einiger Zeit zusammengeführt. Die Mitarbeiter waren relativ jung und hatten meistens eine technische Ausbildung. Die Organisation war gegliedert in strategische und operative Einkaufsteams. Für einige wichtige Divisionen wurden sogenannte „Division-Assignees" als Interfaces benannt. Die Rolle wurde häufig von einem strategischen Einkäufer in Nebentätigkeit ausgeübt. Das Verhältnis zu den Divisionen war angespannt und das Misstrauen gegenüber einer zentral organisierten Einkaufsorganisation sehr groß.

Als ich anfing, hatte die Firma gerade ein paar größere Kundenaufträge erhalten und alle Kollegen im Einkauf waren voll mit der Abwicklung beschäftigt. Über 10.000 Bestellungen pro Woche lasteten wie ein Berg auf allen Mitarbeitern. In kürzester Zeit waren mehrere Tausend Überstunden angehäuft. Die Hektik und das ständige „Firefighting" sind mir bis heute noch gut in Erinnerung geblieben.

Das erste Problem war, dass die Bestellungen nicht rechtzeitig platziert werden konnten („Abwicklungsstau"). Der operative Einkaufsprozess war definiert und abgebildet in einem ERP-System der Firma SAP. Allerdings wurde der Prozess häufig unterbrochen und kam in Verzug. Der Grund dafür war nicht das Arbeitstempo der einzelnen Mitarbeiter, vielmehr lag die Ursache in den vielen offenen Entscheidungen und den Unstimmigkeiten zwischen den beteiligten Abteilungen, z. B. bezüglich der Lieferantenauswahl. Weil es vorab keine systematischen Abstimmungen gab, brachen die Unstimmigkeiten während der Abwicklung hervor.

Ein weiteres Problem war die Liefertreue der Lieferanten. Die häufigste Ursache waren Qualitätsprobleme in der Fertigung bei den Lieferanten. Natürlich kam es auch vor, dass wir unsere eigenen technischen Anforderungen/Spezifikationen nach der Order-Platzierung weiter änderten oder präzisierten. Viele dieser Probleme führten zur Verzögerung in Montage oder Auslieferung. Wenn ein solches Problem auftrat, was mindestens 1- bis 2-mal in der Woche der Fall war, war die Hektik groß („Firefighting"). Unterschiedliche Meinungen, gemischt mit Vorurteilen/Ressentiments prallten aufeinander. Immer höheres Management und größere Personenkreise im In- und Ausland wurden involviert. E-Mails mit über 20 Personen im cc waren keine Seltenheit. Selbstrechtfertigung, gegenseitige Vorwürfe und Schwarzer-Peter-Spiel waren häufig zu beobachten.

Spätestens hier waren die Kollegen im Einkaufsmanagement und ich als Krisenmanager involviert. Meetings unter hohem Zeitdruck wurden einberufen, Lösungen mussten eilig gefunden werden. Ganz ehrlich, viele Lösungen, die unter solchen Umständen gefunden wurden, hatten längst nicht mehr den Anspruch, sachlich fundiert und nachhaltig zu sein. Sie stellten unter den gegebenen Umständen lediglich die bestmöglichen Kompromisse dar, die für alle internen Abteilungen akzeptabel und den Lieferanten gegenüber zumutbar waren. Aber sie waren schnell „schmerzlindernd"! Die Erleichterung bei allen Beteiligten war nach so einer Aktion fast greifbar, auch wenn man wusste, dass diese Probleme nicht gelöst waren und zurückkommen würden. Und sie kamen auch immer wieder. Und wir mussten immer wieder Krisenmanagement-Aktionen durchführen, mehr oder weniger erfolgreich.

Die Spannungen und das Misstrauen zwischen dem Einkauf und den Divisionen waren spürbar. Alle Kommentare, die ich im Vorwort zitiert habe, habe ich direkt oder indirekt gehört. Die Ursachen dafür konnten Vorurteile, Unverständnis oder auch nicht klar definierte Interfaces im Arbeitsprozess sein. Noch wichtiger aber war das Problem mit der gegenseitigen Wertschätzung. In den Augen der Divisionen war der Einkauf eher eine einfache Abwicklungseinheit ohne eigene Kompetenz und Systematik. Die wichtigsten Erwartungen an den Einkauf waren demzufolge eine gute Service-Einstellung und schnelle Abwicklung. Paradoxerweise, je mehr der Einkauf nur nach internen Kundenwünschen ohne eigene Systematik arbeitete, umso stärker fühlten sich die Divisionen in ihrer Einschätzung bestätigt. Bis auf den Abschluss von wenigen Rahmenverträgen gab es keine strategischen Aktivitäten. Alle strategischen Einkäufer waren, genauso wie die operativen Einkäufer, zu 100 % in der Abwicklung eingesetzt. Die Wirkung und Bedeutung eines zentralen Einkaufs konnte nicht entfaltet werden und er wurde deswegen auch nicht geschätzt.

Zu dem Zeitpunkt hatten wir auch noch kein vernünftiges Berichtswesen. Wir konnten nicht fundiert analysieren, in welchem Bereich es den größten „Arbeitsstau" gab oder wo die meisten Qualitätsprobleme und/oder die schlechteste Liefertreue lagen oder zu erwarten waren. Ebenso wenig konnten wir den Entwicklungstrend abschätzen. (Basierend auf Statistiken, die wir später aufgebaut haben, konnte man abschätzen, dass die damalige Liefertreue unter 70 % lag.)

Wir waren Passive und „GETRIEBENE"! Getrieben von den neuen, endlosen Kundenaufträgen, getrieben von den plötzlich auftretenden Problemen und getrieben von der alten Unzufriedenheit und den neuen Forderungen der Divisionen! So verbrachte ich die ersten sechs Monate. Unser Alltag und unsere Kapazität waren vollständig belegt mit den täglichen Abwicklungen und unerwarteten Ereignissen. Bis auf wenige bewusste Entscheidungen waren wir nur mit „Arbeitsstau" und „Firefighting" beschäftigt.

Diese Hektik und Krisen halfen mir aber auch, schnell den ersten Überblick über den Zustand, die Arbeitsweise und die Meinungen im Team zu bekommen. Viele Probleme traten scheinbar zufällig auf, dennoch waren sie nicht grundlos. Man konnte sogar sagen, dass manche Probleme mit an Sicherheit grenzender Wahrscheinlichkeit auftreten mussten, wenn wir unsere Vorgehensweise nicht änderten.

Redete man über einzelne Probleme, waren sich eigentlich alle Manager/ Leistungsträger im Einkauf über ihre Ursachen und auch die Lösungswege bewusst. Man hatte schon viele „Firefightings" erlebt, hatte sich daran gewöhnt und Erfahrungen damit gesammelt. Es wurden auch in der Vergangenheit Maßnahmen ergriffen, wie beispielsweise „Lieferanten-Entwicklung", um akute Probleme zu lösen. Allerdings waren solche Maßnahmen häufig singuläre Aktionen. Wenn die akuten „Schmerzen" vorbei waren, waren die Verbesserungs- aktionen auch eingeschlafen. Kamen große Kundenprojekte mit hoher Arbeitslast, wurden solche Engpässe meistens mit zusätzlichen Ressourcen, vielen Über- stunden und Notoperationen überwunden.

Aber als wir über eine systematische Verbesserung diskutierten, herrschten Ratlosigkeit und Resignation. Man sah überall Probleme, man konnte es überall besser machen, z. B. in den Bereichen „Kategorie Management/ Strategie", „Kommunikation/Zusammenarbeit mit internen Kunden", „Supplier Management", „belastbare Lieferkette", „Erhöhen der Liefertreue", „Lieferanten- Entwicklung" etc. Aber man hatte überall zu wenig Manpower und Zeit. Wo sollte man damit anfangen? Vor allem standen die offenen Fragen im Raum, wie eine bessere Systematik aussehen könnte und ob sie tatsächlich unsere Alltags- probleme würde lösen können. Niemand konnte die Fragen zu dem Zeitpunkt mit Sicherheit beantworten, auch ich nicht.

In der Vergangenheit wurden bereits externe Berater eingesetzt. Aber die Verbesserungseffekte waren begrenzt und/oder nach kurzer Zeit verflogen. Die Recherche in der Fachliteratur brachte uns auch keine klare Antwort. Die Ernüchterung war zum Teil noch größer, da viele Schilderungen in der Literatur weit weg von unserer Praxis zu sein schienen und manche häufig verwendeten Begriffe nicht eindeutig definiert waren.

Man litt unter der Hektik, gewöhnte sich an Notoperationen, beklagte ständig den Personalmangel und glaubte nur begrenzt an eine grundlegende Verbesserung.

Das war die Ausgangssituation. Eine systematische Verbesserung war damals eher ein frommer Wunsch. Wir wussten nicht, ob es einen Weg gab, der uns aus dieser passiven Situation befreien und zu einem professionellen Einkauf führen würde.

Natürlich unternahmen wir weiterhin verschiedene Notaktionen und neue Versuche, da das Nichts-Tun sicherlich keine Option war, bis eine davon unerwartet eine Ketten-Reaktion auslöste und das Tor zur Befreiung und zu einem professionellen Einkauf aufgestoßen hat.

# Der erste Schritt zur Veränderung: die Key-Parts-Liste

**2**

Der erste Schritt zur Veränderung war am Anfang eher als Notaktion gedacht. Der Hintergrund war, dass wir für eine Division mehrere Maschinen abgewickelt hatten und noch dabei waren, weitere abzuarbeiten. Es handelte sich dabei um ein klassisches Systemgeschäft, bei dem die Kunden in der Regel Bestellungen von mehreren Einheiten platzierten und dabei individuelle Forderungen stellten. Bis auf wenige wesentliche Teile wurden alle Komponenten dieser Maschine extern beschafft und der Zusammenbau fand dann in unserem Werk statt.

Bei der Abwicklung der ersten Maschinen waren alle Probleme aufgetaucht, die ich im letzten Kapitel beschrieben hatte: Abwicklungsstau bei der Orderplatzierung und Lieferverzug während der Orderdurchführung. Die Kommunikation und Zusammenarbeit waren besonders schlecht und geprägt durch gegenseitige Vorwürfe. Beschwerde-Emails und Krisenmeetings waren konstanter Bestandteil während der ganzen Abwicklung. Es gab immer wieder gleiche Diskussionen über gleiche Teile bei unterschiedlichen Kundenaufträgen.

Unter diesen Umständen hatte ich vorgeschlagen, ein Meeting mit der betroffenen Division durchzuführen, um einen Basiskonsens bezüglich der wichtigsten Zukaufsteile (der sogenannten Key-Parts) zu erzielen. Die Liste der Key-Parts wurde schnell erstellt, sie bestand aus weniger als 20 Teilen für diese Maschine. Die Teilnehmer wurden auch schnell identifiziert, im Wesentlichen waren es alle bereits in Brand-Emails oder Krisenmeetings involvierten Mitarbeiter und Manager.

Wir gingen die einzelnen Teile durch. Alle Unstimmigkeiten in der Vergangenheit kamen automatisch auf den Tisch. Da die Diskussion außerhalb eines laufenden Kundenprojekts stattfand, waren der Zeitdruck und die Spannung viel geringer. Alle Beteiligten hatten die Möglichkeit, ihre Ansichten und Standpunkte ausführlicher darzustellen und auszutauschen. Die gegenseitigen Ansichten/

© Der/die Herausgeber bzw. der/die Autor(en), exklusiv lizenziert durch Springer Fachmedien Wiesbaden GmbH, ein Teil von Springer Nature 2020
T. Zhu, *Aufbau einer professionellen Einkaufsabteilung*, essentials, https://doi.org/10.1007/978-3-658-31643-3_2

Standpunkte wurden jetzt viel besser verstanden. Persönliche Vorurteile/Ressentiments unter den einzelnen Mitarbeitern spielten eine geringere Rolle, weil das Management beider Seiten anwesend war. Sachliche und rationale Abwägungen waren eher möglich. Auch die Entscheidungen selbst waren nicht mehr nur von kurzfristiger „Schmerzlinderung" geprägt, sondern die Langfristigkeit und Nachhaltigkeit spielten eine größere Rolle. Gleichzeitig wurden einige übergreifende Verbesserungsmaßnahmen bzgl. interner Arbeitsprozesse/Kommunikation oder bzgl. Lieferanten vereinbart.

Das Meeting brachte große Erleichterung und eine signifikante Verbesserung in der Abwicklung. Viele Entscheidungen mussten nicht mehr wie früher einzeln diskutiert werden. Traten neue Probleme während der Abwicklung auf, waren Einigungen aufgrund des verbesserten Verständnisses leichter möglich. Der Arbeitsstau löste sich langsam auf.

Angefeuert von den positiven Ergebnissen, führten wir das Key-Parts-Meeting auch mit anderen Divisionen für die jeweiligen wichtigsten Produkte nacheinander durch. Die Key-Parts-Liste wurde jedes Mal entsprechend erweitert. Innerhalb von einigen Monaten hatten wir dann die gleichen Meetings mit allen Divisionen absolviert. Alle Verantwortlichen der Divisionen folgten unserer Einladung und nahmen selbst an den Meetings teil. Die Key-Parts-Diskussion hatte offenbar einen empfindlichen Nerv getroffen. Viele Teilnehmer fragten nach Follow-up-Terminen.

Das war eine Notaktion. Aber es war ein großer Erfolg.

Es war fast ein Novum in der Firma, dass einer Initiative des Einkaufs ohne Druck der Firmenleitung von allen Divisionen bereitwillig gefolgt wurde. Manche Kollegen von den Divisionen, die ich vorher nur durch Brand-Emails oder in Krisenmeetings kennengelernt hatte, durfte ich neu kennenlernen. Für viele erfahrene Kollegen im Einkauf war es verwunderlich festzustellen, dass die Divisionen auch an einem konstruktiven Dialog interessiert waren und was er bewirkte. Wir erkannten, dass wir damit einen neuen Weg aufgebaut hatten, um einen konstruktiven Dialog mit den Divisionen zu etablieren. Auch wenn wir noch am Anfang vieler inhaltlichen Verbesserungen standen, die Verbesserung der Arbeitsatmosphäre hatte sich bereits positiv auf die Alltagsarbeit ausgewirkt. Es motivierte uns, das Meeting weiter zu perfektionieren, inhaltlich wie organisatorisch.

## 2.1 Definition der Key-Parts

Als erstes präzisierten wir die Definition der Key-Parts basierend auf unserem Bedarf.

In der Regel betrachtete man nur die teuersten Teile als Key-Parts. So gingen wir auch vor und legten folgende Kriterien an:

1. Alle Teile, deren Kosten über einer definierten Grenze lagen, plus
2. Alle Teile, deren Kosten mehr als 1 % der gesamten Produktkosten betrugen.

Zusätzlich nahmen wir aber auch Teile in die Liste auf, die in naher Vergangenheit häufig in der Abwicklung zu Problemen geführt hatten:

3. Teile mit besonders langer Lieferzeit, die am Ende die Lieferzeit des gesamten Produkts bestimmten,
4. Teile mit stark schwankender Lieferzeit,
5. Teile mit sehr hohen Qualitätsanforderungen und
6. Teile, die in naher Vergangenheit häufig Qualitätsprobleme hatten.

Damit hatten wir eine Liste, die alle Teile enthielt, auf denen die Aufmerksamkeit aller Beteiligten lag.

Aufgrund der „Problem-Teile" (Typen 3, 4 und 6) war die Liste auch eine „lebende" Liste. Je nach Entwicklung der Problemsituation konnte ein Teil aus der Liste herausgenommen werden und/oder neue Teile wurden ergänzt. Diese Lebendigkeit hatte einen großen Vorteil: Sie sicherte den engen Bezug zu den aktuellen Problemen in der Abwicklung. Und die daraus resultierenden Maßnahmen führten auch direkt zu einer Verbesserung im Alltag. Im Lauf der folgenden Jahre war deutlich zu beobachten, dass der Diskussionsfokus aufgrund der verbesserten Lieferkette und -qualität stark von den „Problem-Teilen" zu den teuren Teilen (Typen 1 und 2) verschoben wurde.

Die Key-Parts-Liste wurde vom Einkauf erstellt und gepflegt. Vor jedem Meeting wurde sie mit der Einladung an alle Teilnehmer verschickt. Jeder war aufgerufen, die Liste aus seiner Sicht zu ergänzen. Damit wurde sichergestellt, dass alle existierenden Probleme berücksichtigt werden konnten.

## 2.2   Teilnehmer

Wie bereits erwähnt, wurden anfangs alle Personen eingeladen, die in den Eskalations-Emails involviert waren. Im Detail waren es die Kollegen der Divisionen, aber auch die in der Fertigung und Qualitätsabteilung. Nicht nur die handelnden Mitarbeiter, auch deren Manager wurden eingeladen. Die meisten Teilnehmer kamen sicherlich von der entsprechenden Division. Die Produkt-Manager, Projekt-Manager und auch der Geschäftsverantwortliche waren die Standard-Teilnehmer. Auch die Kollegen im Ausland wurden dazu eingeladen.

Von der Einkaufsseite, neben den Managern und ein paar relevanten strategischen Einkäufern, spielte der „Division Assignee" die Hauptrolle. Er bereitete die Key-Parts-Liste vor, verschickte sie mit den Einladungen, moderierte das gesamte Meeting, dokumentierte die Ergebnisse und überwachte letztlich die Umsetzung der vereinbarten Maßnahmen. Dadurch gewann die anfänglich als Interface definierte Rolle schnell an Bedeutung und Autorität. Sie entwickelte sich mit der Zeit zu einer zentralen Rolle in der Einkaufsabteilung.

Im Prinzip war es ein Meeting mit den Leistungsträgern von allen Seiten. In der Regel lag die Teilnehmerzahl zwischen 10 und 15 Personen.

## 2.3   Ergebnisse

Die vorbereitete Key-Parts-Liste war eine einfache Excel-Liste. Die Key-Parts und die dazugehörigen Lieferanten wurden nach Divisionen und Produkten aufgelistet (Abb. 2.1).

| Division | Produkte | Key-Part | 1. Lieferant | 2. Lieferant | 3. Lieferant | Maß- nahme | Verant- wortliche | ... |
|---|---|---|---|---|---|---|---|---|
| D1 | P1 | KP1 | ... | ... | ... | | | |
| | | KP2 | ... | ... | | ... | ... | |
| | P2 | ... | | | | | | |
| D2 | ... | | | | | | | |
| .. | | | | | | | | |

**Abb. 2.1.** Key-Parts-Liste

Die Diskussion verlief genau nach der Liste, Part für Part. Sie konzentrierte sich auf zwei Punkte: die Auswahl der Lieferanten und deren Priorisierung. Je nachdem, welche Funktion ein Teilnehmer in der Firma hatte, war sein Blinkwinkel anders. Die Diskussion war zum Teil sehr kontrovers, dennoch war sie sehr hilfreich. Die unterschiedlichen Sichtweisen und Standpunkte vertraten genau die verschiedenen Aspekte, die wir bei der Entscheidung sowieso hätten berücksichtigen müssen. Dies führte am Ende zu modifizierten Vorzugslieferanten und ihrer Priorisierung. Diese Ergebnisse wurden von allen als Grundkonsens gesehen und in der gleichen Tabelle dokumentiert. Eine einmalige, gemeinsame Diskussion, losgelöst von einem bestimmten Kundenprojekt und dem entsprechenden Zeitdruck, ersetzte dadurch viele bilaterale Diskussionen und Entscheidungen während der Abwicklung.

Die weiteren Ergebnisse, die ebenfalls aus der Diskussion resultierten und in der Tabelle dokumentiert wurden, waren zwei typische Verbesserungsmaßnahmen: „Entwickeln von neuen Lieferanten" und „Lieferanten-Entwicklung bei existierenden Lieferanten". Der Einkauf war dafür verantwortlich, brauchte aber die Unterstützung von anderen Abteilungen. Diese Konsensentscheidung war damit eine sehr gute Voraussetzung für die Umsetzungen.

Alle Ergebnisse wurden dann vom „Division Assignee" in der Liste dokumentiert und die vereinbarten Maßnahmen weiterverfolgt.

Nachdem wir die Meetings mit allen Divisionen abgeschlossen hatten, hatten wir eine gut strukturierte Liste mit über 500 Teilen (Key-Parts) und den dazugehörigen Verbesserungsmaßnahmen. Dies entsprach ca. 1 % der Typen (Sachnummern), die wir jährlich bestellten.

Das Key-Parts-Meeting war zwar eine einfache Übung, hatte aber für uns die entscheidende Wende gebracht. Die positiven Effekte, die nach dem ersten Meeting auftraten, waren nun überall zu beobachten. Wir hatten die erste Entspannung in der Abwicklung erreicht. Die Arbeit, die wir bei der Vor-/Nachbereitung und bei der Durchführung der Meetings investiert hatten, wurde durch die Entspannung honoriert und mehrfach kompensiert. Wir hatten nun eine Verschnaufpause gewonnen, um die Aufmerksamkeit wieder auf die sachlichen und langfristigen Themen zu fokussieren. Gerade der intensive Austausch bei den Key-Parts-Meetings verbesserte unser Verständnis für den Businessbedarf signifikant und ermöglichte uns im weiteren Verlauf auch ein souveränes Vorgehen bei der Auswahl sowie dem Wechsel von Lieferanten, was für die Definition und Umsetzung der Kategorie-Strategie besonders wichtig war.

Diese Meetings brachten nicht nur die ersten Verbesserungen in der Alltagsarbeit, sondern auch einige wichtige Erkenntnisse, die für unsere Weiterentwicklung von Bedeutung waren.

## 2.4　Austausch-Plattform mit den Divisionen

Eine neue Erkenntnis dieser anfänglichen Notaktion war der Austausch mit den Divisionen selbst.

Die Key-Parts-Liste war eine sehr gute Agenda für so einen Austausch. Sie weckte großes Interesse bei den Teilnehmern, da alle damit zu tun und in der täglichen Arbeit „Ärger" mit einem oder mehreren Key-Parts hatten. Wenn man die Liste durchging, kamen verschiedene Probleme automatisch zur Sprache. Man gewann dadurch einen viel besseren Überblick über den aktuellen Zustand in fast allen Bereichen. Im Vergleich zu einem Austausch, der von gegenseitigen Präsentationen geprägt war, waren die Diskussionen lebendiger, die Themen breiter und näher an der Praxis und die beschlossenen Maßnahmen waren auch konkreter.

Auch die ausgetauschten Standpunkte hatten einen anderen Charakter. Während es in einem Einzelgespräch häufig schwer zu unterscheiden war, ob der geäußerte Standpunkt nur die Meinung der Einzelperson wiedergab, konnte man hier eher davon ausgehen, dass er das Interesse der Division oder des Geschäfts spiegelte.

In den folgenden Jahren wurde diese Veranstaltung als regelmäßige Austauschplattform etabliert. Anfänglich hatten wir einen Rhythmus von sechs Monaten. Nachdem die Anzahl der akuten Probleme in der Abwicklung reduziert worden war, wurde sie zur jährlichen Veranstaltung. Auch inhaltlich wurde sie weiterentwickelt. Die Key-Parts waren zwar immer im Mittelpunkt, es kamen aber auch andere, langfristige Themen hinzu. Diese Veränderungen werden wir in späteren Kapiteln sehen.

## 2.5　Kompetenz des Einkaufs

Eine weitere Erkenntnis war die Rolle und Kompetenz der Teilnehmer der Einkaufsabteilung. Wenn andere Teilnehmer ihre Meinungen, Standpunkte oder Erwartungen darstellten, versandten sie automatisch auch eine Botschaft von ihrem Know-how im jeweiligen Bereich, z. B. die Gründe für die technischen Anforderungen, notwendige Qualitätsstandards der Fertigung, spezifische Kundenanforderungen etc. Falls die Einkaufsabteilung nicht gut vorbereitet war und kein eigenes Know-how vorweisen konnte, konnte sie unter Umständen zu reinen Zuhörern degradiert werden. Dadurch hätte sie sowohl Mitspracherecht als auch Ansehen verlieren können.

Umgekehrt konnte das Meeting auch eine gute Chance für die Einkaufsabteilung sein, um eigene Professionalität zu demonstrieren. Das beinhaltete beispielsweise folgende Aspekte: professionelle Vorgehensweise, Markt-Know-how
und technische Kompetenz im betreffenden Fachbereich. Es war für uns ein
wichtiger Hinweis für die weitere Entwicklung, z. B. bei der Fortbildung oder bei
der Besetzung einer Position. Natürlich war die Kompetenz nicht nur bei der Diskussion von Bedeutung.
Sie war noch wichtiger in der Erarbeitung und Implementierung der
„Material-Kategorie-Strategie", wie wir später noch sehen werden.

## 2.6 Online- und Offline-Aktivitäten

Die wichtigste Erkenntnis war das Unterscheiden von Online- und Offline-
Aktivitäten.

Als noch die Hektik unseren Alltag dominierte, war zu beobachten, dass wir
viele Aktivitäten während der Auftragsabwicklung („Online") durchführten,
die man eigentlich auftragsunabhängig („Offline") hätte erledigen können. Die
Meetings über die Key-Parts-Liste waren im Prinzip der erste Schritt, viele sich
wiederholende Online-Aktivitäten, z. B. Lieferantenauswahl oder Sammlung und
Strukturierung der Geschäftsbedürfnisse sowie Abstimmungen, in Offline-Form
zu erledigen. Dadurch sparte man nicht nur Zeit im Online-Prozess, sondern auch
Arbeitsaufwand, da ein Grundkonsens viele Einzelabstimmungen erübrigte.

Es war offensichtlich, dass der Online-Prozess nur dann effektiv sein konnte,
wenn man möglichst viele Aktivitäten offline erledigte. Seitdem wurde diese
Denkweise in der Abteilung etabliert. Die Kollegen redeten häufig von Online-
und Offline-Aktivitäten, wenn es um die Effizienzerhöhung der Abwicklung ging.
Das Unterscheiden von On- und Offline-Aktivitäten und die Bemühungen, die
herausgelösten Offline-Aktivitäten zu organisieren, waren essenziell für unsere
Weiterentwicklung, insbesondere bei der Entwicklung von Prozessen in der
Einkaufsabteilung.

Eine einfache Notaktion hatte viele Erleichterungen und Verbesserungen für
den Alltag gebracht. Dies ermutigte uns, den eingeschlagenen Weg fortzusetzen!

# Der zweite Schritt zur Veränderung: Material-Kategorie-Strategie

**3**

Im Unterschied zum ersten Schritt folgte der zweite Schritt logisch und fast automatisch.

Nachdem wir die Liste mit über 500 Key-Parts und die dazugehörigen Verbesserungsvorschläge und Maßnahmen konsolidiert hatten, galt es nun, sie strukturiert und schnellstmöglich umzusetzen. Da die Probleme in einer Material-Kategorie viele Ähnlichkeiten aufweisen, geschah die Aufgabenverteilung logischerweise auch danach. Das „Strategischen Einkauf" Team bestand aus ca. 20 Mitarbeitern und wurde nach Kategorie aufgestellt. Jede Kategorie hatte demzufolge entsprechende Key-Parts und Aufgaben erhalten (Abb. 3.1).

Diese Inputs boten eine fast ideale Voraussetzung für eine strukturierte Arbeit in allen Material-Kategorien. Wir hatten nicht nur eine saubere Auflistung der Key-Parts, sondern auch einen sehr guten Überblick über die existierenden Probleme und Erwartungen in der jeweiligen Kategorie über die Grenzen der einzelnen Divisionen hinaus. Nun begannen die klassischen Aufgaben des Einkaufs: Material-Kategorie-Strategie zu definieren. Darin lag auch unsere Chance, Synergie über die Grenze der einzelnen Divisionen zu generieren. Da die meisten

| Key-Part | 1. Lieferant | 2. Lieferant | 3. Lieferant | ... |
|---|---|---|---|---|
| KP1 | ... | ... | ... | |
| KP2 | ... | ... | | |
| ... | | | | |

| Material Kategorie 1 | Material Kategorie 2 | Material Kategorie 3 | ... |
|---|---|---|---|
| X | | | |
| | X | | |
| X | | | |

**Abb. 3.1:** Überführen der Key-Parts in die verschiedenen Kategorien

© Der/die Herausgeber bzw. der/die Autor(en), exklusiv lizenziert durch Springer Fachmedien Wiesbaden GmbH, ein Teil von Springer Nature 2020
T. Zhu, *Aufbau einer professionellen Einkaufsabteilung*, essentials,
https://doi.org/10.1007/978-3-658-31643-3_3

Probleme/Anforderungen zu der Zeit in der Verbesserung der Supply Chain lagen, war das automatisch auch der Fokus der meisten Material-Kategorie-Strategie.

Im Folgenden werden ein paar Beispiele vorgestellt, die in der jeweiligen Kategorie zu signifikanten Verbesserungen führten und gleichzeitig Synergie erzeugten.

## 3.1    Beispiel 1: Kategorie „Zeichnungsteile"

Das Volumen dieser Kategorie betrug ca. 40 % des gesamten Einkaufsvolumens und war mit Abstand die größte Kategorie. Sie beinhaltete alle Zukaufteile, die nach unseren technischen Zeichnungen folgende Bearbeitungsschritte enthielten: Maschinenverarbeitung, Schweißen und/oder Oberflächenbehandlung. Grundcharakter dieser Kategorie war:

- Die Teile waren sehr unterschiedlich in den Größen, den Präzisions-anforderungen, den benötigten Verarbeitungsschritten und auch in den ver-wendeten Materialien.
- Es handelte sich überwiegend um einzelne Stücke und/oder Kleinserie (<100 Stück).
- Kein Forecast.

Probleme in der Kategorie waren:

- Eine große Anzahl von Lieferanten (ca. 50–60).
- Darunter waren einige zu kleine und zu schwache Lieferanten.
- Die Divisionen hatten traditionell eigene Lieferanten und bevorzugten sie.
- Auch dadurch bedingt gab es für einige Key-Parts nur einen Lieferanten.
- Häufige Qualitätsprobleme und sehr niedrige Liefertreue (ca. 70 %).
- Einige Projekte der Lieferanten-Entwicklung waren mit geringen Effekten durchgeführt worden.
- Die Qualität unserer technischen Dokumente, z. B. der Zeichnungen, war sehr unterschiedlich.

Das Ziel in dieser Kategorie war, die Lieferkette für alle Key-Parts zu stabilisieren.

Nachdem wir die Probleme sowohl qualitativ als auch quantitativ analysiert und beschrieben hatten, war die Strategie schnell klar: **Aufbau einer stabilen Lieferantenbasis.** Im Detail hieß das:

- Wir sollen ca. 12–14 bevorzugte Lieferanten identifizieren und aufbauen.
- Diese sollten die unterschiedlichen Spezialisierungen ausweiten und zusammen die gesamte Bandbreite unserer Bedürfnisse abdecken können.
- Für die meisten Bedürfnisse mussten mindestens drei Lieferanten vorhanden sein.
- Diese mussten unsere Anforderungen bzgl. Qualitäts- und Projektmanagement erfüllen.
- Weitere zwei Lieferanten mussten aufgebaut werden, die besonders schnellere Anforderungen, zwecks Reparatur und/oder kleineren vermissten Teile, erfüllen konnten.

Die notwendigen Aktionen waren für alle sofort klar und wurden schnell definiert und eingeleitet:

- Identifizierung der Lieferanten und Kommunizieren mit ihnen
- Individuelle Verbesserungsprogramme bei den entsprechenden Lieferanten definieren und respektive Projekte planen
- Kommunikation mit Divisionen und Verschiebungsplan vereinbaren

Die Implementierung dauerte über ein Jahr. Im zweiten Jahr waren bereits über 90 % des Volumens auf die 14 Lieferanten konzentriert. Die Liefertreue wurde kontinuierlich erhöht, auf ca. 85 % im zweiten und ca. 90 % im dritten Jahr, bei gleichzeitiger Erreichung der Einsparungsziele.

## 3.2  Beispiel 2: Kategorie „Guss- und Schmiedeteile"

Der Einkauf von Teilen in dieser Kategorie ist fast bei allen Firmen ein schwieriges Thema, da die Stabilität der Qualität schwer zu halten ist. Die Liefer-treue ist oft ein guter Indikator dafür. So war es auch bei uns. Diese Kategorie war ohne Zweifel die schwierigste und komplexeste. Die Probleme bestanden auch schon seit Jahren.

Die Strategie-Entwicklung hat in dieser Kategorie besonders lange gedauert. Sowohl die Formulierung der Strategie als auch ihr Entwicklungsprozess waren für uns besonders spannend und lehrreich. Die daraus gewonnenen Erfahrungen spielten bei den anderen Kategorien eine wichtige Rolle. Deshalb wird sie hier auch ausführlicher beschreiben.

Das Volumen betrug ca. 18–20 % unseres gesamten Volumens, dabei waren über 90 % Gussteile und ca. 10 % Schmiedeteile. Damit war sie nach Kategorie „Zeichnungsteile" die zweitgrößte Kategorie. Die Grundsituation hier war:

- Die Teile waren sehr unterschiedlich in der Größe, in den verwendeten Materialien und erforderten unterschiedliche Gussverfahren.
- Bis auf den Bedarf einer Division dominierten Einzelstücke oder Kleinserien.
- Für alle Teile war eine nachgelagerte Maschinen- und Oberflächenbearbeitung notwendig.
- Auch hier gab es keinen Forecast.

Die Probleme in der Kategorie waren besonders groß:

- Dies galt vor allem für die Qualitätsprobleme. Die Qualität war sehr instabil und das konnte bei allen Teilen vorkommen. Auch eine Korrektur (oder ein 2. Versuch) brachte nicht immer eine Verbesserung. Die Liefertreue war deswegen auch die schlechteste von allen (unter 60 %). Die Unsicherheiten führten ständig zu großen Diskussionen bei der Vergabe und verursachten auch viele Krisen und Eskalationen.
- Viele Bestellungen basierten auf neuen Zeichnungen, sodass die Produktion jedes Mal mit Risiken verbunden war.
- Es gab viele Lieferanten. Allerdings zeigten die meisten irgendwelche Schwächen.
- Unser Volumen war nicht groß genug, um die Lieferanten nur nach unserem Bedarf auszurichten.
- Die Lieferkette bestand häufig aus zwei bis vier Lieferanten: Guss, Grob-Bearbeitung, Fein-Bearbeitung und Oberflächenbehandlung. Viele Qualitätsprobleme konnten nur in den nachfolgenden Arbeitsschritten festgestellt werden. Gegenseitige Schuldzuweisungen waren ein häufiges Phänomen.

Das oberste Ziel war, eine stabile und zuverlässige Lieferkette für unseren Bedarf aufzubauen.

Der zuständige strategische Einkäufer war ein sehr fleißiger, fachkundiger und gewissenhafter Mitarbeiter. Er hatte eine sehr sorgfältige Analyse durchgeführt. Basierend auf der Key-Parts-Liste hatte er noch weitere Teile sowie deren entsprechende Gewichte, Materialien und bisherige Probleme ergänzt. Gleichzeitig hatte er auch die Lieferanten nach deren Anlagen/Ausrüstungen, Produkte für andere Kunden, Erfahrungen mit verschiedenen Materialien etc. untersucht. Es kam eine große Excel-Tabelle mit sehr fundierten Detailinformationen und Erkenntnissen heraus. Da die Informationsmenge sehr groß war, war er ein wenig von der Komplexität und der Vielfalt der Probleme geblendet. Er quälte sich, um eine schlüssige Linie zu finden und eine kurze und prägnante Strategie zu formulieren.

Eines Tages kam er gegen 17 Uhr in mein Büro. Er stellte mir die Ergebnisse seiner Analyse vor. Da er bereits viele Krisenfälle selbst gemeistert hatte, basierten seine Analyse und seine Erzählung auf vielen konkreten Beispielen. Sie waren sehr detailliert und interessant, aber zugleich auch verwirrend. Wir diskutierten lange und fanden keine schlüssige Folgerung. Wir suchten vergeblich nach dem roten Faden. Das ging bis ca. 21 Uhr, da sagte er plötzlich: „Eigentlich müssten wir jedes Teil zum richtigen Lieferanten bringen!" Auf einmal fiel es uns wie Schuppen von den Augen. Das wurde unsere Strategie für die nächsten 2–3 Jahre!

Der Hintergrund ist nachträglich einfach zu erzählen. Bei den Gussteilen war die Qualität eines Lieferanten sehr stark von Größe, Gussverfahren und Materialien abhängig. Es gab fast keinen Lieferanten, der alles produzieren konnte. Während Größe und Gussverfahren von den vorhandenen Anlagen abhängig waren, war es bei den Materialien stark von den Erfahrungen geprägt. Daher konnte ein Lieferant nur in einem bestimmten Bereich stabile Qualität liefern. Allerdings stellten sie sich oft „ambitionierter" dar und wollten ihre Geschäftsfelder erweitern. Wenn man bei der Auftragsvergabe nicht genau aufpasste, oder nicht genug fachliche Kenntnisse hatte und sich nur auf die Aussage der Lieferanten verließ, dann passierten solche Fehler. Die Analyse zeigte, dass wir über 70 % unseres Volumens auf nicht perfekt passende Lieferanten platziert hatten. Das war für uns eine schockierende Erkenntnis, aber wir mussten die Tatsache leider akzeptieren.

Nach dieser nächtlichen Diskussion war unsere Strategie schnell formuliert: **Verwende die richtige Technologie und bringe jedes Teil zu dem richtigen Lieferanten!**

Danach waren die notwendigen Aktionen schnell definiert:

- Klassifizieren unserer Bedürfnisse nach richtigen Produktionstechnologien.
- Klassifizieren der Lieferanten nach deren geeignetem Bereich.
- Kommunikation mit Divisionen und schrittweise Verlagerungen ohne zusätzliche Kosten.

- In der zweiten Phase wurden für die Key-Parts und identifizierten Guss/ Schmiede-Lieferanten auch die passenden Lieferanten für die maschinelle Bearbeitung und Oberflächenbehandlung definiert.

Die Implementierung dauerte zwei bis drei Jahre. Nach drei Jahren lag die Liefertreue über 90 %, was auch im internationalen Vergleich einen sehr hohen Wert darstellt. Da die Probleme in dieser Kategorie schon lange existierten und allgemein bekannt waren, brachte die positive Entwicklung nicht nur große Erleichterung im Alltag, sondern auch hohe Anerkennung.

## 3.3   Beispiel 3: Kategorie „Standardteile"

Im Unterschied zu den obigen zwei Kategorien ging es in dieser Kategorie um viele kleine Standardteile, die in unserer Werkstatt kontinuierlich gebraucht wurden, wie z. B. Schrauben, Muttern etc. Bis dahin war der Bedarf pro Kundenauftrag einzeln bestellt worden. Das größte Problem war die enorme Anzahl der Bestellungen. Es verursachte dadurch eine hohe Arbeitslast im operativen Einkauf und auch in den nachgelagerten Arbeitsschritten, wie z. B. Wareneingang, Ein-/Auslagerung, Rechnungsprüfung und -bezahlung etc.

Das Ziel war die Anzahl der Bestellungen zu reduzieren. Die Strategie war damit schnell definiert: **Einführung des Kanban-Systems.**

Die Implementierung des Kanban-Systems auf Initiative des Einkaufs hatte stark dazu beigetragen, die Effizienz für den operativen Einkauf und auch andere Funktionen in der Supply Chain zu erhöhen. In den folgenden Jahren wurde auch VMI („Vendor Managed Inventory"), ein von Lieferanten administriertes Lager in eigenem Gelände, eingeführt.

Die Reduzierung der Bestellanzahl bei gleichem Volumen war ein zentrales Ziel nicht nur in dieser Kategorie. Die Implementierung vom Kanban war hierzu ein großer Beitrag.

Mit den Implementierungen der Material-Kategorie-Strategien in verschiedenen Bereichen, waren viele substanzielle Verbesserungen erzielt worden. Die Situation für den Einkauf verbesserte sich allmählich und nachhaltig. Die Anzahl der Brandemails, Eskalationen und Krisenmeetings war drastisch reduziert. Die gesamte Supply Chain wurde stabilisiert. Der Synergie-Effekt war in vielen Kategorien deutlich sichtbar. Das Ansehen und die Akzeptanz des Einkaufs nahmen zu. Wir waren nicht mehr die „Getriebenen".

Die Material-Kategorie-Strategie war ohne Zweifel ein wichtiges Tool und ein zentraler Baustein für eine professionelle Einkaufsabteilung. Allerdings gab es häufig Diskussionen darüber, wie eine gute Material-Kategorie-Strategie aussah. So war es auch bei uns. Erst nach einigen Diskussionen haben wir uns auf ein gemeinsames Verständnis geeinigt.

## 3.4 Diskussion über eine „richtige" Material-Kategorie-Strategie

Jede Einkaufsorganisation hat mittlerweile ein Team für „strategischen Einkauf". Die häufigste Gliederung im Team ist nach der Material-Kategorie. Die Hauptaufgabe der Kategorie-Verantwortlichen ist wiederum die Definition und Implementierung der „Kategorie Strategie". Sie ist ohne Zweifel eine der wichtigsten Aufgaben im gesamten Einkauf.

Als wir mit dem Thema anfingen, hatten wir im Team sehr viel Diskussionen darüber, was eine „richtige" Strategie war und ob es Kriterien dafür gab. Sowohl über den Umfang als auch über den Detaillierungsgrad herrschten unterschiedliche Meinungen. Es gab viele verschiedene Beispiele in der Literatur, aber es gab wenig konkrete Orientierungshilfe, die wir für unseren Zweck nutzen konnten. Das Verständnis in der Einkaufsfachwelt schien sehr unterschiedlich zu sein und man musste wohl eigene Antwort auf jeweilige Gegebenheiten finden. Erst nach einigen Diskussionsrunden, auf Basis der gesammelten Beispiele, sind wir zum gemeinsamen Verständnis und einer Handlungsempfehlung gekommen.

Ein reales Beispiel für „Kategorie-Strategie" lautete: „Das Geschäft mit Waren und bestmöglichen Preisen zu versorgen, die gleichzeitig unsere zeitlichen und qualitativen Anforderungen erfüllen." Als wir sie sahen, fanden wir zuerst, dass sie gar nicht so falsch war. Aber nach kurzem Nachdenken stellte man fest, dass diese Strategie fast für alle Kategorien galt. Mit anderen Worten, wir hätten für alle Kategorien nur eine Strategie gebraucht. Noch interessanter wäre die Schlussfolgerung: Wenn wir die Formulierung als unsere Strategie verwenden würden, was wären dann die konkreten Aktionen in den verschiedenen Kategorien danach? Die Antwort war, dass wir keine konkreten Aktionen daraus ableiten können und genauso dastehen wie vorher. Eine noch wichtigere Frage war, ob es sich um eine Strategie oder um ein Ziel handelt. Die Antwort war eigentlich sehr einfach, nachdem man die Frage aufgeworfen hatte. Wir hatten ähnliche Phänomene auch bei vielen anderen Beispielen gefunden und das führte uns am Ende zu einer wichtigen Handlungsempfehlung.

Ein anderes Beispiel war die Vorgehensweise der Strategiedefinition in einem Tool, angeboten von einer Beratungsfirma. Darin wurde eine Liste von verschiedenen Strategie-Alternativen erstellt, z. B. „Reduzieren der Anzahl der

Lieferanten", „Konsolidierung der Lieferantenbasis", „Mehr Standardisierung" etc. Der Definitionsprozess war dadurch sehr einfach und funktionierte wie bei der Beantwortung einer Multiple-Choice-Frage. Man brauchte nur eine vorbereitete Variante zu wählen und die Strategie war definiert. Man musste zugeben, dass diese Vorgehensweise sehr attraktiv für die Teammitglieder war, insbesondere dann, wenn sie seitens des Managers unter Druck standen, eigene Strategien zu definieren. Dennoch waren die Vorgehensweise und das Ergebnis für uns nicht zufriedenstellend. Uns kam es vor wie ein Breitband-Antibiotikum, das bei fast allen Krankheiten nicht ganz falsch war, aber eine konkrete Krankheit nicht gezielt und effizient bekämpfte. Das galt insbesondere, wenn die Diagnosemöglichkeit begrenzt war. Übertragen in die Welt des Einkaufs hieß es, wenn man das Problembild nicht genau analysierte und kannte, dann wäre so eine Vorgehensweise gut genug gewesen. Aber wir hatten durch die Key-Parts-Meetings und zahlreichen Krisenfälle sehr viel bessere Kenntnisse über unsere Probleme. Ein präziserer Lösungsansatz (Strategie) wäre besser angebracht gewesen.

Diese Diskussionen hatten uns sehr geholfen, ein gemeinsames Verständnis im Team zu erzielen. Mit Ausschluss-Prinzip kamen wir schließlich zu unseren gemeinsamen Handlungsempfehlungen oder Kriterien für eine „richtige" Strategie:

1. **Trennung zwischen Ziel und Strategie**
   Eine klare Trennung/Unterscheidung zwischen Ziel und Strategie. Während das Ziel einen statischen Zustand beschrieb, sollte die Strategie den Weg zeigen, wie wir das Ziel erreichen konnten.
   Das Ziel sollte herausfordernd, aber realistisch sein. In unserem Fall hatten häufig die Manager gemeinsam mit Mitarbeitern die Ziele definiert.
2. **Problemorientiertes Vorgehen**
   Eine fundierte Analyse der Daten war die Voraussetzung. Allerdings war die Datenanalyse allein nicht ausreichend. Der Kategorie-Verantwortliche musste ein fundiertes Verständnis bzgl. der akuten Probleme und deren Ursachen hinter den Zahlen haben und in der Lage sein, dies klar zu beschreiben. Die Strategie fokussierte auf die Lösung eines Problems oder mehrerer Probleme in der Kategorie.
   Die Probleme konnten unterschiedlicher Natur sein. Es konnten sowohl Probleme in der Abwicklung oder in der Supply Chain sein als auch Probleme, die eine weitere Einsparung verhinderten. Wir stellten in der Praxis häufig fest, dass eine klare Erkennung und Beschreibung des Problems oft der erste Schritt zur Lösung darstellten. Hierbei war es sehr vorteilhaft, wenn der

Verantwortliche einen Sparringpartner hatte, wie wir im Beispiel „Guss- und Schmiedeteile" gesehen haben.

3. **Handlungsweisend**
Die Formulierung der Strategie sollte konkret und handlungsweisend sein. Dabei sollte der Handlungshinweis eindeutig sein. Basierend auf der Formulierung/Definition ließ sich eine Aktionsliste eindeutig und logisch aufstellen.

Vergleichen wir die Strategie für „Zeichnungsteile" und „Guss- und Schmiedeteile": Beide konnte man auch unter einer gemeinsamen Formulierung „Konsolidierung der Lieferantenbasis" verstehen. Allerdings waren die daraus folgenden Aktionslisten sehr unterschiedlich. Dadurch hätte eine Formulierung „Konsolidierung der Lieferantenbasis" das Kriterium nicht erfüllt.

4. **Controlling** der Implementierung und Auswirkung der Strategie. Da der Zeitbedarf für die Implementierung in unseren Fällen mehrere Monate bis Jahre betrug, war ein zeitnahes Controlling notwendig, um eine eventuelle Justierung der Aktionsliste zu ermöglichen.

Die gemeinsame Diskussion und die daraus folgenden Handlungs-empfehlungen erwiesen sich als sehr sinnvoll. Es stellte sicher, dass wir in den Strategie-Definitionen/-Formulierungen eine ähnliche Qualität und einen vergleichbaren Detailierungsgrad hatten, trotz sehr unterschiedlicher Probleme in der jeweiligen Kategorie.

Dennoch waren die Qualität und die Implementierung einer Strategie stark von den Kompetenzen einzelner strategischer Einkäufer abhängig, wie bereits in Abschn. 2.5 erwähnt. Während in der Definitionsphase ein tiefes Verständnis über die Bedürfnisse und aktuellen Probleme, das Know-how über den Lieferanten-markt und das technische Know-how von Bedeutung waren, spielten in der Implementierungsphase die Kommunikations- und Organisationsfähigkeiten eine wichtige Rolle.

# Der dritte Schritt zur Veränderung: Supplier Management

**4**

Unabhängig von Kategorie und Strategie war ein gemeinsames Ergebnis aller Bemühungen, dass eine Gruppe Lieferanten als Key-Lieferanten in der jeweiligen Kategorie identifiziert und definiert wurde (Abb. 4.1).

Es war offensichtlich, dass unsere Erfolge fast ausschließlich von den Leistungen dieser Key-Lieferanten abhingen. Eine kleine Schwankung hätte sofort Auswirkungen auf uns. Nun stand das Thema „Supplier Management" auf der Tagesordnung.

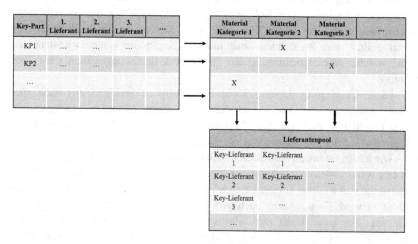

**Abb. 4.1:** Zuordnung der Key-Lieferanten

© Der/die Herausgeber bzw. der/die Autor(en), exklusiv lizenziert durch
Springer Fachmedien Wiesbaden GmbH, ein Teil von Springer Nature 2020
T. Zhu, *Aufbau einer professionellen Einkaufsabteilung*, essentials,
https://doi.org/10.1007/978-3-658-31643-3_4

Ein Paradigmenwechsel in der Firma gab dem Thema weiteren Auftrieb. In der Vergangenheit wurde der Einkauf mehr oder weniger als pure „Beschaffungs-einheit" gesehen: Wenn es einen Bedarf gab, wurden Lieferanten ausgesucht und die Preise verhandelt, schließlich wurde ein Vertrag geschlossen und eine Bestellung platziert. Nachdem die Waren geliefert waren, war der Job getan.

Man konnte es auch aus einem anderen Blickwinkel sehen, insbesondere mit dem Bewusstsein einer hohen Outsourcing-Quote. Wir hatten zu dem Zeit-punkt über 90 % der Fertigungswertschöpfung (nach Fertigungsstunden) aus-gelagert und nur maximal 10 % noch in der eigenen Werkstatt. Mit anderen Worten, wir hatten de facto zwei Wertschöpfungsketten, interne und externe. Sicherlich hatte die interne eine andere strategische Bedeutung als die externe. Vom Standpunkt der Supply Chain allerdings waren die beiden Wertschöpfungs-ketten gleichgewichtig. Egal wo Verzögerungen oder Qualitätsprobleme auftraten, wirkten sie sich im gleichen Maß auf den Kundenauftrag aus. Aber in der Aus-stattung der Funktionen war der Unterschied traditionell groß. Während man für die interne Wertschöpfungskette häufig Abteilungen, wie z. B. „Planung" oder „Fertigungseinführung" etc., vorgesehen waren, waren solche Funktionen bei der anderen Wertschöpfungskette nicht vorhanden. Man ging traditionell davon aus, dass diese Funktionen Sache der Lieferanten waren. Selbst wenn sie diese Funktionen eigenständig und vernünftig erfüllen, wäre eine Koordinierung nötig. Ich sagte einmal zu meinen Kollegen, stellen Sie sich mal vor, dass wir alle Wert-schöpfungen im Haus hätten. Die Folge wäre, dass wir statt einer Werkstatt wie jetzt weitere neun Werkstätten haben müssten. Abgesehen von dem Kostennach-teil, welcher Managementbedarf nur zum Zweck der Supply Chain wäre dann nötig?

Diese Überlegung unterstrich die Notwendigkeit und gab uns auch eine Orientierung für den Focus und den Inhalt eines „Supplier Management". Das langfristige Ziel war das Management der externen Wertschöpfungskette, basierend auf der jeweiligen „Material-Kategorie-Strategie".

Wir hatten im ersten Schritt ca. 40 Lieferanten als Kandidaten ausgesucht. Im Fokus waren solche Lieferanten, bei denen eine wesentliche Wertschöpfung für uns anfiel und wir eine längerfristige Kooperation vorsahen. Diese waren in erster Linie kleinere Firmen, aber auch große Firmen mit speziellen Anfertigungen für uns. Der strategische Einkäufer war verantwortlich für die Auswahl der Kandidaten und die Durchführung. Dabei haben wir bewusst darauf verzichtet, dass das „Supplier Management" von einem separaten Team betreut wurde. Damit sollte sichergestellt werden, dass es zwischen „Kategorie-Strategie" und „Supplier Management" kein weiteres Interface gab. Das bedeutete auch, dass der strategische Einkäufer nicht nur für die Kategorie-Strategie (Lieferantenauswahl

Vertragsverhandlungen etc.) verantwortlich war, sondern auch für die Sicherung der Wertschöpfungskette im Alltag mit diesen Lieferanten.

Der Inhalt des „Supplier Managements" wurde aus dieser Überlegung abgeleitet und bestand aus drei Teilen.

## 4.1 Ein monatlicher „Performance-Report"

Zu diesem Zweck wurde ein Lieferanten-Performance-Report entwickelt. Der Report wurde monatlich vom strategischen Einkäufer an die Lieferanten in seiner Kategorie verteilt. Mithilfe des Reportes konnten die Verantwortlichen der Lieferanten den aktuellen Geschäftsstand (z. B. Einkaufsvolumen, Anzahl der Bestellungen etc.) und die eigene Performance (z. B. Liefertreue, Anzahl der Fehler etc.) sehen. Dabei war eine detaillierte Analyse der Fehler enthalten, die jeden Fehler genau beschrieb (z. B. in welchem Arbeitsschritt er passierte) und seine Wiederholungsrate angab (z. B. wie oft der gleiche Fehler im letzten Jahr vorkam etc.). Es war die Grundlage für die Ermittlung von Penalty. Gleichzeitig unterstützte und motivierte es die Lieferanten gezielte Maßnahmen zu ergreifen, was genau unseren Wünschen und Erwartungen entsprach.

## 4.2 Penalty Policy

Die „Penalty Policy" war ein Teil von „General Terms and Conditions" und regelte die Vertragsstrafe, die ein Lieferant im Fall eines Terminverzugs oder eines Qualitätsproblems zu entrichten hat. Im Rahmen der Einführung des Supplier Managements wurde sie neu verfasst, da wir sie als ein Tool zur Steuerung und Gestaltung der externen Wertschöpfungskette betrachteten. Im Unterschied zu früher waren in der Policy nicht nur Strafen, sondern auch Anreize vorgesehen, um zum Aufbau eines besser abgestimmten Managementsystems in der Planung, Warenlogistik und Qualitätskontrolle zu ermutigen. Konkret bedeutete das, für einen sich wiederholenden Fehler in der Terminplanung oder in der Qualität war der Strafbetrag höher. Dagegen wurde für die Probeproduktion technisch anspruchsvoller Teile der Penalty reduziert oder sogar ausgesetzt, um die Motivation zu fördern.

Diese differenzierte Behandlungsweise beeinflusste das Verhalten der Lieferanten nachhaltig. Die „Penalty Policy" zielt nicht darauf, mehr Einsparung zu generieren, sondern die Qualität der Zusammenarbeit und der Wertschöpfungskette zu erhöhen.

## 4.3     Quartalsweise „Performance Review Meetings"

Der wichtigste Bestandteil war sicherlich das Quartalsmeeting. Ein fest definiertes Team mit je einer Person aus dem strategischen Einkauf, dem operativen Einkauf und der Qualitätsabteilung vertrat unsere Firma. Das Meeting wurde vom strategischen Einkäufer geleitet und dauerte in der Regel ca. 2 h. Da der „Performance Report" bereits zur Verfügung stand, war der Vorbereitungsbedarf relativ begrenzt. Das Ergebnis wurde in einer vorgefertigten Vorlage dokumentiert.

Im Meeting tauschte man sich sowohl über das aktuelle Geschehen, z. B. Qualitäts- und Lieferprobleme, Performance und Penaltys, Verfügbarkeit der Kapazität, als auch über die Veränderungen und Entwicklungstrends in den beiden Firmen aus. Dabei wurden konkrete Verbesserungsmaßnahmen vereinbart. Das änderte auch die Gepflogenheit, dass man sich nur im Krisenfall traf und über Verbesserungen redete. Nicht selten haben Lieferanten auf unseren Bedarf hin ihre Investitionen getätigt. Einige Lieferanten haben auch ihr ERP-System an unseren Bedarf angepasst.

Die Maßnahmen im Supplier Management hatten maßgeblich dazu beigetragen, dass wir unsere Lieferantenbasis aufgebaut und konsolidiert haben sowie eine enge und langfristige Kooperation etablieren konnten. Bei der Definition der Aufgabenpakete haben wir uns bewusst auf diese drei konkreten und routinemäßigen Arbeiten beschränkt. Sie wurden als Konsolidierung und Gewährleistung der „Material-Kategorie-Strategie" im Alltag betrachtet. Einige Arbeitsbegriffe, die häufig im Zusammenhang mit „Supplier Management" auftauchten, wie z. B. „Supplier Evaluation" oder „Ein-/Ausphasen der Lieferanten", wurden als Inhalt und Aufgaben der „Material-Kategorie-Strategie" gesehen. Diese bewusste Einschränkung vermied eine Überlappung und sicherte den Ablauf des gesamten Prozesses.

# Ein paralleler Schritt: Reporting und Controlling

**5**

Vier Monate nachdem ich den Job angetreten hatte, fing ein weiterer Kollege in der Firma an. Er war zuständig für den Aufbau unseres Controlling-Systems. Er gehörte dem Management-Team an, war aber über die ganzen Jahre eine One-Man-Show. Was er allein ohne externe Berater geleistet hat, ist rückblickend erstaunlich.

Der Handlungsbedarf in der Anfangsphase war offensichtlich und dringend. Wir hatten keinerlei etablierte Reporte. Alle Zahlen, die wir nach oben berichteten oder für einen bestimmten Zweck generierten, basierten auf spontanen Ermittlungen oder Abschätzungen. Da die Ermittlungen aufgrund der jeweiligen Forderungen und Gegebenheiten jedes Mal ein wenig anders zustande kamen, war die zeitliche Vergleichbarkeit der Reporte begrenzt. Deshalb konnten die Zahlen weder Hinweise für die langfristige Entwicklung noch Hinweise für die kurzfristige Steuerung der täglichen Operationen liefern. Wir tappten häufig im Dunkeln und wurden immer wieder von plötzlich auftretenden Ereignissen überrascht. Das war kein schönes Gefühl für einen Manager.

Zuerst etablierten wir einen allgemeinen Einkaufsreport.

## 5.1    Allgemeiner Einkaufsreport

Es war ein Standard-Report, der monatlich generiert wurde, so wie ihn fast jede Einkaufsabteilung hat. Er enthielt die wesentlichen Kennzahlen im Einkauf, wie z. B. Volumen, Anzahl der Order-Lines, Savings, Liefertreue. Zu einem späteren Zeitpunkt hatten wir auch die Fehlerquote als einen Qualitätsindex integriert.

Alle Reporte waren für uns auch ein Tool, das zur operativen Steuerung auf verschiedenen Ebenen verwendet werden konnte. Deshalb ermöglichte der Report

© Der/die Herausgeber bzw. der/die Autor(en), exklusiv lizenziert durch Springer Fachmedien Wiesbaden GmbH, ein Teil von Springer Nature 2020
T. Zhu, *Aufbau einer professionellen Einkaufsabteilung*, essentials,
https://doi.org/10.1007/978-3-658-31643-3_5

die Aufschlüsselung der Kennzahlen auf verschiedenen Ebenen. Ein wichtiger Performance-Indikator war beispielsweise die Liefertreue in der Anfangsphase. Mit dem Report konnte man sie nicht nur auf der gesamten Abteilungsebene oder auf eine Ebene der einzelnen Division oder Kategorie sehen, sondern auch die Liefertreue innerhalb einer Division auf Kategorie-Ebene. Damit hatten wir zum ersten Mal die Möglichkeit, die Situation detailliert zu analysieren und Probleme zu lokalisieren. Seitdem begann unser Management-Meeting stets mit einer gemeinsamen Analyse des Reports. Auch die Mitarbeiter mit Verantwortung für eine Kategorie oder für eine Division nutzten den Report, um eigenständig Maßnahmen zu ergreifen.

## 5.2   Drei weitere Reports

Das Entstehen der drei weiteren Reports war zeitlich vom aktuellen Bedarf getrieben. Allerdings wurde die Struktur von Anfang an definiert (Abb. 5.1). Damit verfolgten wir zwei Ansprüche:

1. Eine maximale Transparenz aus verschiedener Sicht.
2. Einkauf und Lieferanten als eine Supply Chain zu betrachten.

**Allgemeiner Einkaufsreport**
- Einsparung nach Kategorie
- Lieferperformance nach Kategorie
- Qualitätsperformance nach Kategorie

**Interner-Effizienz-Report**
- Anzahl der Bestellungen
- Zeitbedarf einer Bestellung

**Lieferanten-Performance-Report**
- Zeit-/Projektmanagement
- Qualitätsmanagement

**Produktkosten-Report**
- Kosten, Einsparung der Produkte und Komponenten
- Lieferzeit der Produkte und Komponenten

**Abb. 5.1**  Die Struktur der Einkaufsreporte aus verschiedenen Perspektiven

## 5.2.1  Interner Effizienz-Report

Direkter Anlass war der Abwicklungsstau, der am Anfang beschrieben wurde. Der Abwicklungsprozess mit PR (Purchase Request) und PO (Purchase Order) wurde bereits mit Einführung des ERP-Systems definiert und durchlief mehrere Abteilungen: In unserer Firma wurde der Bedarf (PR) von der Division kreiert. Die Planungsabteilung, ein Teil der Fertigung, fügte die gewünschten Liefer-termine hinzu, basierend auf der Terminplanung für Assembly und in ERP gespeicherten Lieferzeiten der Lieferanten. Die Einkaufsabteilung übernahm die PR, überprüfte die Inhalte, kreierte und platzierte schließlich die PO zu den ent-sprechenden Lieferanten. Innerhalb der Einkaufsabteilung war das hauptsächlich die Aufgabe des operativen Einkaufs.

Der Report zielte auf die Transparenz der Abwicklung über Abteilungsgrenzen hinweg und lieferte die Situationen in den verschiedenen Material-Kategorien. Er basiert, wie bei allen Reporten, auf initiierten oder abgeschlossenen Bestellungen in SAP. Aufgrund des hohen Drucks am Anfang wurde er wöchentlich generiert, um einen zeitnahen Eingriff zu ermöglichen.

Er zeigte die Anzahl aller PRs, POs in verschiedenen Abwicklungsstufen und die Anzahl solcher PRs und POs, die über einen signifikanten Zeitrahmen (in unserem Beispiel 30 Tage) in derselben Stufe verweilten. Dabei konnten die Angaben zu der einzelnen Kategorie unterbrochen werden. Abb. 5.2 zeigt einen Ausschnitt dieses Reports.

Dieser Report brachte eine „schonungslose" Transparenz und hat uns in der Anfangsphase extrem geholfen, um den „Abwicklungsstau" aufzulösen. Der erste Effekt war sicherlich innerhalb des Einkaufs zu beobachten. Durch Vergleich der verschiedenen Kategorien war leicht zu erkennen, wie die

| Kategorie | Neue PRs | | | PRs in der Planung | | | | | Offene PRs im strategischen Einkauf | | | Offene PRs im operativen Einkauf | | | |
|---|---|---|---|---|---|---|---|---|---|---|---|---|---|---|---|
| | Summe | Mit neg. Lieferzeit | Lieferzeit <15 Tage | Rücksprache nicht notwendig | Durchs. Zeitbedarf in letzten Wochen | Rück-sprache notwendig | Durchs. Zeitbedarf in letzten Wochen | Offene PRs im Einkauf | Insgesamt | Davon bereits länger als 30 Tage | Davon Liefer-min bereits über-schritten | Insgesamt | Davon bereits länger als 30 Tage | Davon Lieferter-min bereits über-schritten | Erledigten PRs |
| Alle | 5647 | 63 | 256 | 4790 | 1.1 | 857 | 7.9 | 3678 | 1359 | 134 | 67 | 2319 | 315 | 145 | 4782 |
| Kategorie 1 | 721 | 12 | 14 | 588 | 0.1 | 133 | 1.2 | 36 | 15 | 3 | 3 | 21 | | | 527 |
| Kategorie 2 | 427 | 5 | 18 | 425 | 0.4 | 2 | 1.1 | 103 | 34 | | | 69 | 25 | | 496 |
| Kategorie 3 | 87 | | 2 | 34 | 0.5 | 53 | 12.4 | 247 | 203 | 75 | 33 | 43 | | | 45 |
| ... | | | | | | | | | | | | | | | |
| Kategorie n | 11 | | | 3 | 0.1 | 8 | 15.6 | 8 | 5 | | | 3 | | | 9 |

**Abb. 5.2**  Ausschnitt aus einem „Interne Effizienz-Report"

Verteilung der Arbeitslast aussah und wo es die meisten „Staus" während der Abwicklungen gab.

Der zweite Effekt war die Verdeutlichung der Probleme in der Zusammenarbeit zwischen den Abteilungen. Das Tool konnte zwar keine automatische Ursachenforschung betreiben, lieferte uns aber genug Zahlen, die uns bei der Ursachenforschung behilflich sein konnten. Neben dem Hauptproblem „Uneinigkeit bei der Lieferantenauswahl", offenbarte sich eine Reihe anderer Probleme in der Abwicklungskette, z. B.:

- Die Division hat zu spät einen Bedarf bemerkt, sodass die gewünschte Lieferzeit bereits in der Vergangenheit lag („negative Lieferzeit") oder zu knapp war („Lieferzeit unter 15 Tagen").
- Die technischen Anforderungen waren unklar, fehlerhaft oder unvollständig.
- Technische oder terminliche Anforderungen wurden nachträglich geändert.

Alle diese Fehler führten zum Verzug und „Stau" in der Abwicklungskette. Da die Einkaufsabteilung das letzte Glied in der Kette war, wurde häufig nur sie für die Effizienz der Abwicklung verantwortlich gemacht. Dabei konnte die Effizienz der Abwicklungskette nur durch alle Beteiligten gemeinsam erhöht werden. Der Report „versachlichte" den Status, ermöglichte eine sachliche Diskussion und trug deshalb viel dazu bei, die Verbesserung abteilungsintern wie -extern anzustoßen.

Die Erfahrungen zeigten uns immer wieder, dass eine hohe Transparenz häufig der erste Schritt zur Problemlösung war. Ein Vorteil im Einkauf lag zudem darin, dass fast alle Daten im ERP vorhanden waren. Eine vernünftige Auswertung der existierenden Daten konnte oft große Transparenz und damit auch Hilfe bringen.

### 5.2.2   Lieferanten-Performance-Report

Der Anlass, diesen Report zu erstellen, war die Einführung des Supplier Managements. Er war ein wichtiger Bestandteil davon. Vor der Einführung dieses Tools hatten wir kaum Möglichkeiten, die Performance der Lieferanten quantitativ zu beurteilen. Wenn es Bedarf gab, dann wurde er spontan ermittelt oder geschätzt. Das beeinflusste unsere Fähigkeit, Lieferanten zu vergleichen sowie den Leistungszustand und den Entwicklungstrend zu beurteilen.

Der Report enthielt alle Informationen in unserem SAP bzgl. eines Lieferanten: Einkaufsvolumen, Anzahl der Ordern, Liefertreue und Anzahl der Qualitätsprobleme und deren Entwicklungen im Lauf der Zeit (Abb. 5.3).

| Lieferant: | | | | | | | | XXX | | | | | | | |
|---|---|---|---|---|---|---|---|---|---|---|---|---|---|---|---|
| | | Jan. | Feb. | März | Apr. | Mai | Jun. | Juli | Aug. | Sep. | Okt. | Nov. | Dez. | Summe YTD | Summe des Jahres |
| Einkaufs-volumen | Im Vorjahr | 247 | 218 | 258 | 385 | 386 | ... | ... | ... | ... | ... | 304 | 296 | 2000 | 3370 |
| | Im lfd. Jahr | 321 | 189 | 341 | 307 | 260 | 275 | | | | | | | 1694 | 1694 |
| Liefertreue | Im Vorjahr | 96% | 85% | 86% | 81% | 81% | 88% | 92% | 91% | 98% | 98% | 98% | 97% | 87,0% | 91,7% |
| | Im lfd. Jahr | 98% | 97% | 99% | 97% | 96% | 98% | | | | | | | 97,7% | 97,7% |
| Anzahl der Qualitätsfehler | Im Vorjahr | 13 | 5 | 4 | 11 | 3 | 13 | 6 | 5 | 9 | 8 | 9 | 10 | 55 | 96 |
| | Im lfd. Jahr | 7 | 1 | 6 | 14 | 10 | 15 | | | | | | | 53 | 53 |

| Fehleranalyse | | | | | | | | | | | | |
|---|---|---|---|---|---|---|---|---|---|---|---|---|
| Material | | Fehlertypen | | | | | | | | | | Anzahl der Einheiten |
| | | Im laufenden Jahr | | | | | | Im Vorjahr | | | | | |
| Sachnummer | Bezeichnung | Dimension | Maschinenbearbeitung | Schweißen | Material | Oberflächebehandlung | .... | Dimension | Maschinenbearbeitung | Schweißen | Material | Oberflächebehandlung | .... | Akt. Jahr | Vorjahr |
| x12345678 | yyy | 3 | | | | | | 3 | | | | | | 56 | 72 |
| x23456789 | yyy | | | 2 | | | | | | | 5 | | | 26 | 54 |
| ... | ... | | | | | | | | | | | | | | |
| x5672345 | yyy | | 1 | | | | | | | | | | | 12 | 52 |

**Abb. 5.3** Ausschnitt aus einem „Lieferanten-Performance-Report"

Eine Spezialität war die Analyse der Qualitätsprobleme. Trat ein Fehler bei einem Teil auf, wurde er den Fehlerursachen zugeordnet, die sowohl verschiedene Fertigungsstufen als auch Verpackung/Transport und Dokumentation abdeckten. Gleichzeitig wurde angegeben, wie oft dieses Teil in den letzten Jahren bereits gefertigt wurde und welche Fehler in den letzten 12 Monaten aufgetreten waren. Das gab uns die Möglichkeit, den Penalty-Betrag nach der Policy festzulegen, gleichzeitig war es eine große Hilfe für gezielte Verbesserungsmaßnahmen.

Mithilfe dieses Tools erreichte unsere Fähigkeit der Lieferantenbeurteilung ein neues Niveau. Das war hilfreich für die strategischen Arbeiten, wie z. B. Lieferantenauswahl, Lieferantenklassifizierung oder jährliche Verhandlungen. Auch im Alltag, z. B. in der Kommunikation mit den Lieferanten oder beim Lieferantenbesuch, war das Tool unverzichtbar.

Gleichzeitig war sie eine Demonstration der eigenen Professionalität nach außen. Während wir unsere Lieferanten beurteilten, taten sie dies auch mit uns. Ein professionelles Erscheinungsbild war in der Konkurrenz um bessere Lieferanten/Geschäftspartner von großem Vorteil.

## 5.2.3 Produktkosten-Report

Dies stellte mit Abstand vielleicht das wichtigste und auch das mächtigste Tool dar. Als die Supply Chain stabilisiert wurde, rückte das Kostenthema wieder ins

Zentrum unserer Aufmerksamkeit. Während Einsparungen oder Materialkosten im „Allgemeinen Einkaufsreport" kategorieorientiert ausgewiesen wurden, wurde hier die gleiche Information produktorientiert dargestellt. Das war nicht nur eine Veränderung in der Darstellung, sondern es beeinflusste auch unser Denken und Handeln.

Der Report basierte auf einer konstanten Stückliste eines Produktes und wertete die platzierten Bestellungen nach Sachnummern aus. Daher war er auch nur anwendbar für Produkte mit konstanter Stückliste über längere Zeit. Er bestand aus zwei Teilen. Der erste Teil zeigte die Kosteninformation eines Produktes in den letzten 18 Monaten. Wählte man ein Produkt aus, zeigte der Report alle Komponenten, die dazugehörigen Kategorien, die benötigten Stückzahlen, Plan-Lieferzeit, den Order-Preis und die Vorzugslieferanten mit ihrem Preis. Auch Komponenten, die in eigener Werkstatt produziert wurden, waren enthalten. Die gesamten Kosten des Produktes ergaben sich durch die Summierung der Komponenten, gewichtet mit den entsprechenden Stückzahlen. Durch die Auswahl von zwei beliebigen Zeitpunkten innerhalb der letzten 18 Monate konnten die Order-Preise jeder einzelnen Komponente angeschaut und verglichen werden (Abb. 5.4).

Der Report beinhaltete einige interessante Funktionen:

| Division: | (Auswählbar) | | | | Produkte: | | | (Auswählbar) | | | | | | | | | |
|---|---|---|---|---|---|---|---|---|---|---|---|---|---|---|---|---|---|
| Monate | -17 | -16 | -15 | -14 | -13 | -12 | -11 | -10 | -9 | -8 | -7 | -6 | -5 | -4 | -3 | -2 | -1 | 0 |
| Produktkosten | 8643 | 8600 | 8555 | 8512 | 8475 | 8445 | 8436 | ... | ... | ... | ... | 8092 | 8090 | 8138 | 8086 | 8085 | 8074 | 8056 |

| Material Nr. | Material Bezeichnung | Kate-gorie | Stück-zahl | Liefer-zeit | Preis Zeitpunkt* 1 | | Preis Zeitpunkt* 2 | | Aktuelle Preise | | Gepflegte Info. In ERP | | | | | |
|---|---|---|---|---|---|---|---|---|---|---|---|---|---|---|---|---|
| | | | | | Be-trag | Liefer ant | Be-trag | Liefer ant | Be-trag | Liefer ant | Liefe-rant 1 | Preis | Liefe-rant 2 | Preis | Liefe-rant 3 | Preis |
| .... | Achse | | 1 | 45 | 567 | xx | 554 | yy | 543 | xx | ... | ... | ... | ... | | |
| ... | Getriebe | | 1 | 60 | | | | | | | ... | ... | | | | |
| | ... | | | | | | | | | | | | | | | |
| .... | O-Ring | | 15 | 30 | 12 | zz | 14 | zz | 12 | zz | ... | ... | ... | ... | | |
| | ... | | | | | | | | | | | | | | | |

*: Zeitpunkt innerhalb letzten 18 Monaten beliebig wählbar.

**Abb. 5.4** Auszug aus „Produktkosten-Report (Teil 1)"

- Eine Kostenanalyse nach ABC-Prinzip oder nach Material-Kategorie war bereits vorbereitet.
- Kostenschwankungen des Produktes oder jeder einzelnen Komponente in den letzten 18 Monaten ließen sich sofort identifizieren. Die unterschiedliche Farbmarkierung erleichterte dies zusätzlich.
- Das Tool zeigte auch an, falls die Bestellungen nicht bei dem kostengünstigsten Lieferanten platziert wurden.

Der zweite Teil war ein Überblick über die Produktkosten aller erfassten Produkte in den letzten drei Jahren (Abb. 5.5).

Der Bericht wurde monatlich erneuert und hat im hohen Maß Kostentransparenz für Produkte gebracht. Er war zuerst das wichtigste Tool für die „Division Assignee", um die aktuellen Situationen und Arbeitsergebnisse zu verfolgen. Gleichzeitig löste er zwei grundlegende Probleme im Einkauf und eröffnete auch neue Möglichkeiten.

Das erste Problem war, dass der Einkauf Einsparungen auswies, aber die Division es nicht nachvollziehen konnte. Der Grund war häufig, dass der Einkauf die Einsparungen nach den Kategorien berechnete und auswies. Aber diese Aufteilung war für die Division fremd und grundsätzlich uninteressant. Mithilfe dieses Reportes konnten wir zum ersten Mal die Einsparungen auch nach Produkten darstellen. Das war für die Division hochinteressant und direkt nachvollziehbar.

Das zweite Problem waren die Einkaufspreise von kleinen Teilen. In einem komplexen Umfeld mit mehreren tausend Komponenten war man nur in der Lage, die Kostenentwicklungen von den wenigen wichtigsten Komponenten im Fokus zu halten. Die Kostenentwicklung der kleinen Teile fiel weder auf, noch war sie in der Statistik sichtbar. Wie es wahrscheinlich bei den meisten Einkaufsleitern der Fall ist, hatte ich immer ein wenig „Bauchschmerzen". Wäre

| Division | Produkt | Durchs. Produktkosten und Stückzahl im | | | | | | | | Höchste und niedrigste Kosten | | | |
|---|---|---|---|---|---|---|---|---|---|---|---|---|---|
| | | Jahr n-3 | | Jahr n-2 | | Jahr n-1 | | aktuellen Jahr n | | Höchste | Zeitpunkt | Niedrigste | Zeitpunkt |
| ... | ... | 65.289 | 267 | 64.426 | 234 | 64.578 | 150 | 63.954 | 287 | 66.102 | ... | 63.756 | ... |
| ... | ... | 235.612 | 58 | 235.356 | 36 | 230.764 | 67 | 230.564 | 84 | 238.352 | ... | 228.591 | ... |
| ... | ... | | | | | | | | | | | | |
| ... | ... | 83.753 | ... | | | | | | | | | | |
| | | | | | | | | | | | | | |

**Abb. 5.5**  Auszug aus „Produktkosten-Report (Teil 2)"

ein Fehler in dem Bereich über Jahre unerkannt geblieben, wäre es höchst wahr-scheinlich zu einem Imageschaden für den Einkauf gekommen. Dieser Report zeigte aber die Kostenentwicklungen von allen Komponenten, auch von den kleinsten Teilen. Wenn er ca. 200 Produkte umfasste, bedeutete es, dass 200 „Tiefbohrungen" zur Verfügung standen, um die Kostenentwicklung der kleinen Teile zu beobachten.

Der Report eröffnete neue Möglichkeiten, die sonst nur mit zusätzlichem Arbeits- und Zeitaufwand möglich wären. Für alle produktorientierten Projekte, wie z. B. „Design-to-Cost", „Fertigungsverlagerung" oder auch tägliche Aktivi-täten, wie z. B. Angebotserstellung, lieferte er alle notwendigen Informationen in aktueller Form. Deswegen wurde er von allen Seiten intensiv verwendet und auch viele Kollegen in den Divisionen warteten oft auf die neuste Ausgabe. Er wurde als Weiterentwicklung der Key-Parts-Liste gesehen, aber mit erheblich mehr Informationen. Er änderte schrittweise auch die Denk- und Handlungs-weise im Einkauf. Die Produkte wurden noch mehr in den Mittelpunkt unserer Überlegungen gerückt. Es war beispielsweise möglich, Kostenziele für einzelne Produkte zu vereinbaren.

Mit der Einführung dieser 4 Reporte veränderte sich unsere Arbeitsweise und Arbeitskultur. Fast jede(r) im Einkauf konnte eigene Arbeitsergebnisse, monetär oder zeitlich, in einem der vier Reporte sehen. Für alle war es möglich, auf Probleme aufmerksam zu machen und/oder eigenständig Maßnahmen zu ergreifen. Auch bei der internen oder externen Kommunikation oder bei Meetings waren Veränderungen zu beobachten. Während man sich früher häufig auf einige herausragende Ereignisse „stürzte", hatte man nun einen viel besseren Überblick und konnte die Ereignisse in einem größeren Zusammenhang bewerten. Wollte man ein konkretes Problem ansprechen, z. B. in der Abwicklung, konnte man sich nun stärker auf Fakten stützen, statt sich – wie in der Vergangenheit – auf Einzel-fälle oder eigene Eindrücke zu verlassen. Die Diskussionen verliefen dadurch sachlicher und konstruktiver. Daher wurden die Wirkungen dieser Reporte von Kollegen auch als „Power of Transparency" bezeichnet.

Alle Reporte basierten auf einer Datenbasis: die durchgeführten und/oder die entstehenden Bestellungen im unseren ERP-System. Wenn die Datenbasis aktualisiert war, konnte jede(r) die Reporte auf Excel-Basis generieren. So war es auch in der Praxis: Meine Assistentin erzeugte und verteilte wöchentlich oder monatlich die Reporte. Damit konnten wir allen mit wenig Aufwand ein paar mächtige Tools zur Verfügung stellen.

Die Reporte oder Tools waren nicht nur eine große Unterstützung für unsere Entwicklung zu einer professionellen Einkaufsorganisation, sie waren selbst ein wesentlicher Teil der Professionalität.

# Prozess und Organisation im Einkauf

Nach der Durchführung der drei Schritte „Key-Parts-Liste", „Material-Kategorie-Strategie" und „Supplier Management" und nach der Einführung des Reporting-Systems war die gesamte Situation sehr viel besser geworden. Alle Indikatoren für die Supply Chain zeigten deutliche Verbesserungen. Nicht nur, dass die operative schwierige Phase vorbei war, wir hatten auch weitere Funktionen, wie z. B. Supplier Management oder Controlling, aufgebaut. Und das geschah ressourcen-neutral, da mit jedem Schritt auch eine Entspannung und eine Entlastung im Abwicklungsprozess einhergingen. Das Bild vom Einkauf hatte sich deutlich verbessert. Ich konnte mich noch genau erinnern, dass es im gesamten 4. Jahr nur einen Eskalationsfall gab, der mich erreichte. Es handelte sich um eine Schadensersatz-Diskussion für eine wiederverwendbare Verpackung für Seetransport. Im Vergleich zu vielen Eskalationsfällen am Anfang, war er schon fast „mickrig". Wir befanden uns in einer viel komfortableren Situation.

Dennoch standen wir vor der Frage, ob und wie wir das Erreichte dauerhaft würden konsolidieren können, da wir bis dahin die Schritte eher als Notlösungen betrachtet hatten. Wie könnten die Prozesse für uns in Zukunft aussehen?

Als wir die drei Schritte, wie in Abb. 4.1, rückblickend anschauten, realisierten wir, dass diese drei Schritte eine fast natürliche Arbeitsabfolge von „Key-Parts" zu „Key-Lieferanten" abbildeten. Und die drei Schritte, auch wenn sie als Notoperation gestartet wurden, waren in sich sehr logisch und wie eine Kettenreaktion: Wenn man mit dem ersten Schritt anfing, kam man ganz natürlich auf den nächsten. War das ein Prozess? Wenn ja, was war das für einen Prozess? War dieser Prozess vielleicht nur sinnvoll unter bestimmten Umständen, wie z. B., wenn die Supply Chain instabil war? Diese Fragen waren für uns nicht nur aus akademischem Grund von Bedeutung, sondern sie hatten direkte Auswirkungen darauf, ob wir diesen „Drei-Schritte-Prozess" langfristig beibehalten würden.

| Marktanalyse | Lieferanten-auswahl | Interne Abstimmung | Verhandlung und Vertrag | Order Platzieren | Wareneingangs-prüfung | Rechnungsprüfung und Bezahlung |

**Abb. 6.1**  Der allgemeine Einkaufsprozess

Insbesondere wenn man sich den üblichen Einkaufsprozess vor Augen hält, wie in Abb. 6.1 skizziert, stellte sich automatisch die Frage, welche Zusammenhänge die beiden Prozesse hatten.

Bevor wir weitergehen, sollten wir eine Besonderheit im Einkauf kurz erwähnen, da sie bei der Gestaltung der Prozesse und Organisation eine große Rolle spielte.

## 6.1    Produkt-Lieferant-Matrix

Eine Besonderheit beim Einkauf war das Zusammentreffen der Produkte mit den Lieferanten, wie in Abb. 6.2 schematisch dargestellt.

Auf einer Seite der Matrix standen die Produkte, die eine Firma produzierte, auf der anderen die Komponenten, aus denen die Produkte bestanden und die zu beschaffen waren sowie die dazugehörigen Lieferanten. Da jedes Produkt viele verschiedene Komponenten brauchte, hatten wir in der Mitte eine Matrix, die die Verknüpfungen darstellte. Die Produkte und Komponenten wurden jeweils in eigenen Märkten gehandelt und folgten deswegen auch unterschiedlichen Mechanismen. Innerhalb einer Firma wurden die Belange der Märkte jeweils von den Sales/Divisionen und dem Einkauf vertreten. Eine Kategorie im Einkauf

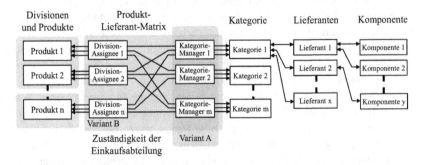

**Abb. 6.2**  Die Produkt-Lieferant-Matrix und der Zuständigkeitsbereich des Einkaufs

vertrat häufig eine homogenere Untergruppe der Komponentenmärkte. Verein-
facht konnte man sagen, dass Sales und Divisionen mehr in Produkten dachten
und der Einkauf mehr in Kategorien. Das Zusammentreffen der beiden Seiten
verursachte in der Praxis häufig unterschiedliche Sichtweisen, Erwartungen und
auch Handlungsweisen. Ein Beispiel hatten wir bereits bei den unterschiedlichen
Reporten über Kosten und Einsparungen gesehen. Während der Einkauf gewöhn-
lich die Einsparungen nach Kategorie verfolgte und berichtete, bevorzugten die
Divisionen eine Darstellung nach Produkten.

Der Unterschied war zwar verständlich, aber dennoch war das oberste Ziel
eines Unternehmens fast immer, möglichst erfolgreich auf dem Produktmarkt
zu sein mit allem Potenzial der Lieferantenmärkte. Das erforderte auch, dass
der Einkauf die Belange des Produktmarktes und die Bedürfnisse der Sales/
Divisionen maximal ernst nehmen musste.

Eine direkte Auswirkung der Produkt-Lieferant-Matrix war der Informations-/
Arbeitsfluss. Wenn die Einkaufsabteilung nur über eine Kategorie-Orientierung
verfügte, wie Variante A in Abb. 6.2 darstellt, befand sich die Matrix zwischen
den Abteilungen. Das hatte zur Folge, dass jeder Produktmanager in den
Divisionen mit mehreren Personen im Einkauf kommunizieren musste und
umgekehrt. Die Kommunikation war kompliziert und ineffizient. Niemand in der
Einkaufsabteilung vertrat die gesamte Sicht eines Produktes oder einer Division.
Unverständnis füreinander war schwer gänzlich zu vermeiden. In Variante B
mit definierten Ansprechpartnern für einzelne Divisionen wurde die Matrix
dagegen innerhalb der Einkaufsabteilung abgebildet. Die Einkaufsabteilung
hatte in diesem Fall die alleinige Verantwortung, die Kommunikation effizient
zu gestalten und die Sichtweise der Produkte/Divisionen auch intern abzubilden.
Die Effizienz der Zusammenarbeit war höher. Der Nachteil war der zusätzliche
Personalbedarf im Einkauf.

Betrachteten wir alle unsere Offline-Aktivitäten im Einkauf, konnte man sie
auch in kategorieorientierte und produktorientierte Arbeiten aufteilen. Während
alle Aktivitäten im Rahmen der Kategorie-Strategie auch kategorieorientiert
waren, wie z. B. Bündelung, Marktanalyse, Lieferantenbewertung/-auswahl etc.,
gab es auch produktorientierte Aktivitäten, wie z. B. Einführung/Kündigung,
Optimierung der Kosten/Lieferzeit, Fertigungsverlagerung eines Produktes oder
auch Nachverhandlungen für ein Produkt oder ein Projekt, das unter besonderem
Kosten-/Zeitdruck stand. Die produktorientierten Aktivitäten wurden verteilt
in einzelnen Kategorien durchgeführt. In einer Organisation der Variante A gab
es keinen „natürlichen" Verantwortlichen dafür. Als Abhilfe diente häufig ein
Manager oder ein zeitweilig benannter Projektleiter. Auf der Ebene der Kategorie wurden diese Arbeiten häufig als singuläre, einmalige und Extra-Arbeiten

gesehen, da sie nicht immer sofort in die kategorieorientierten Arbeiten integriert werden konnten. Dennoch waren sie häufig sehr wichtig aus Firmensicht. Mit Variante B wäre ein „natürlicher" Verantwortlicher vorhanden für die produktorientierten Aktivitäten. Die Durchführungen waren strukturierter und konsequenter.

Diese Überlegungen waren besonders wichtig für eine Einkaufsabteilung wie unsere, die viele verschiedene Divisionen und Produkte zu versorgen hatte.

## 6.2    Analyse des Einkaufsprozesses

Wenn man im Internet oder in der Literatur nach „Einkaufsprozess" suchte, fand man häufig ähnliche Darstellungen wie in Abb. 6.1.

Die nächste Detaillierungsstufe war häufig die Unterscheidung von verschiedenen Geschäftsarten: Anlagen-, System- und Seriengeschäfte. (Vollständigkeitshalber sollte man hier noch das Service-/Ersatzteil-Geschäft ergänzen.) Der Grund dafür war, dass das Produkt-Design im Anlagengeschäft (teilweise auch im Systemgeschäft) oft projektspezifisch war und dadurch einige wichtige Komponenten projektspezifisch gefertigt oder angepasst werden mussten. Da alle diese Geschäftsarten in unserer Firma vorhanden waren, mussten wir dies näher analysieren. Das Ergebnis war, dass wir unsere Prozesse nicht auf der Ebene der Geschäftsarten, sondern auf der Ebene der Material-Kategorie unterscheiden sollten. Denn auch im Anlagengeschäft brauchte man Standardteile, deren Einkaufsprozess sich nicht von Standardteilen im Seriengeschäft unterscheidet. Und die projektspezifischen Teile waren zwar wertmäßig sehr hoch, aber zahlenmäßig sehr limitiert (häufig < 1–2 % aller Bestellungen). Aus mehreren Gründen hatten wir für die projektspezifischen Teile eine eigene Kategorie eingerichtet („Divisionspezifische Teile") unter der Verantwortung des jeweiligen Division Assignees und nur für diese Kategorie war ein anderer Einkaufsprozess notwendig.

Dennoch konnten wir den Prozess aus Abb. 6.1 bei uns nicht in dieser Form implementieren und unsere Aktivitäten im Alltag danach organisieren.

Der Grund war, dass die Häufigkeiten, mit denen die einzelnen Schritte in dem Prozess durchgeführt werden sollten, sehr unterschiedlich waren. Während Schritte, wie „Order-Platzierung", „Rechnungsprüfung und Bezahlung" pro Bestellung durchgeführt werden mussten, sollten die Schritte „Lieferantenauswahl", „Preis und Konditionsverhandlung" möglichst viele Bestellungen abdecken. Wären wir bei jeder Bestellung nach diesem Prozess vorgegangen, dann hätten wir jedes Mal über die Lieferantenauswahl diskutieren, den Preis und die Konditionen einzeln verhandeln und die Probleme in der Abwicklung immer wieder einzeln lösen müssen. Die Folgen wären niedrige Effizienz, hoher Ressourcenbedarf und keinerlei Synergien. Das ähnelte ein wenig unserer Anfangssituation. Daher war der Prozess in Abb. 6.1 zwar richtig, um die einzelnen notwendigen Schritte in der Beschaffung *eines* Artikels schematisch darzustellen, eignete sich aber nicht als Arbeitsprozess in unserer Firma mit Beschaffungen von mehreren hundert Artikeln an einem Tag.

## 6.3 Trennung von Online- und Offline-Aktivitäten

Unsere Verbesserung bis jetzt folgte einem anderen Leitgedanken: alle Aktionen in „Online" und „Offline" zu unterscheiden (siehe Abschn. 2.6) und möglichst viele Offline-mögliche Aktivitäten aus dem Online-Prozess herauszunehmen, um die Effizienz im Online-Prozess zu erhöhen. Selbst für den Einkauf der Kategorie „Divisionspezifischen Teile" im Anlagengeschäft gab es Aktivitäten, die Offline möglich waren, z. B. „Lieferantenauswahl" für Teile, die sich zwar jedes Mal im Maß unterschieden, aber mit demselben Prozess hergestellt wurden. Auch ein „Rahmenvertrag" bzgl. Terms & Conditions mit solchen Lieferanten ersparte Verhandlungen in einzelnen Kundenprojekten. Oder die Einbindung der Lieferanten im Rahmen des Supplier Managements wäre hilfreich, die zusätzlich noch mit unseren Praktiken und Anwendungen der Produkte vertraut waren und mit denen ein regelmäßiger Austausch über Projektplanung und Verfügbarkeit bestand. Solche Aktionen würden ohne Zweifel den Online-Prozess für „Divisionspezifische Teile" vereinfachen und beschleunigen.

Das Trennen von Online- und Offline-Aktivitäten war für Firmen mit ausgeprägter Massen-/Serienfertigung, wie z. B. in der Elektronik-Industrie, oft eine Selbstverständlichkeit, da die Fertigungsanlagen viele Designregeln oder Komponenten zwingend vorschrieben. Es war aber anders für Firmen im Anlagen- oder Klein-Seriengeschäft, da die Fertigungsprozesse eine größere Flexibilität zuließen. Diese Flexibilität brachte sicherlich Vorteile auf den Produktmärkten, ermöglichte aber auch „Freizügigkeit" bei Produktdesign und Abwicklungen. Es war oft schwer vom Blickwinkel des Einkaufs zu unterscheiden, welche Flexibilitäten wirklich begründet waren und welche nicht. Man war stolz auf diese Flexibilität und litt gleichzeitig unter zu vielen Flexibilitäten. Für den Einkauf bedeutet dies, dass sich mit der Zeit immer mehr Aktivitäten in den Online-Prozess „eingeschlichen" hatten, die auch Offline möglich gewesen wären. Daher war das Trennen der Online- und Offline-Aktivitäten nicht nur ein Unterschied im Arbeitsprozess, sondern oft auch eine Änderung der Arbeitskultur.

Unser Leitgedanke war deshalb, zu trennen, ohne die notwendige Flexibilität zu gefährden (Abb. 6.3). Die Online-Aktivitäten fokussierten nur auf die Bestellungen und waren weitestgehend im Supply-Chain-Prozess eingebunden (siehe Abschn. 5.2.1). Der Prozess war definiert und wurde durch das existierende ERP-System unterstützt. Er wiederholte sich so oft, wie es Bestellungen gab. Das kam in unserem Fall mehrere hundert Mal pro Tag vor. Er sollte deshalb nur solche Aktivitäten beinhalten, die bei jeder Bestellung individuell notwendig waren. Die Erwartung an den Online-Prozess war Schnelligkeit und Reibungslosigkeit. Alle strittigen oder langwierigen Themen sollten Offline geklärt werden. Damit sollte die Effizienz des gesamten Supply-Chain-Prozesses gewährleistet werden.

Die Offline-Aktivitäten mussten dagegen sicherstellen, dass der Online-Prozess auch die richtigen Ergebnisse lieferte: preislich, terminlich und qualitätsmäßig. Um das zu erreichen, mussten alle Offline-Aktivitäten, inkl. kategorie- und produktorientierte Aktivitäten, in einem Prozess organisiert werden, der eine Vielzahl von Erwartungen/Forderungen verarbeiteten und viele bewährte Methodiken/Teilprozesse strukturiert integrierten. Im Unterschied zu Online-Aktivitäten waren sie nicht so hochfrequentiert, dafür aber viel umfassender und strategischer. Somit wurde die Strukturierung der Offline-Aktivitäten zu einem entscheidenden Erfolgsfaktor der gesamten Einkaufsabteilung.

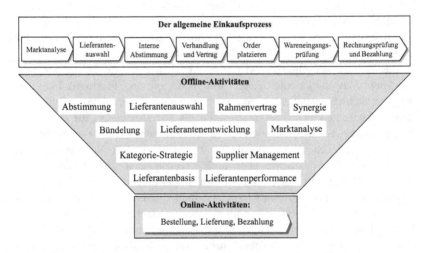

**Abb. 6.3.** Trennen von Online- und Offline-Aktivitäten

Nun stellte sich für uns die Frage, wie wir die herausgelösten Offline-Aktivitäten strukturieren und in einen Prozess einbetten konnten. Während der Krisenzeit hatten wir sie weitestgehend mit dem „Drei-Schritte-Prozess" strukturiert und organisiert. Eignet er sich auch für die normale Zeit?

## 6.4  Weiterentwicklung des Drei-Schritte-Prozesses zum strategischen Einkaufsprozess

Während wir schrittweise aus der Krise herauskamen, entwickelte sich auch der Drei-Schritte-Prozess weiter.

Dies galt insbesondere für den ersten Schritt „Key-Parts-Liste", weil er am Anfang einen starken Fokus auf die akuten Probleme in der Abwicklung hatte. Mit stetig verbesserter Situation in der Abwicklung rückten die langfristigen Themen in den Fokus. Der Rhythmus änderte sich auch von einer halbjährlichen zu einer jährlichen Veranstaltung. Bemerkenswert war, obwohl das Meeting ursprünglich wegen akuter Probleme initiiert worden war, dass keine Division es als obsolet betrachtete und das Interesse der Teilnehmer auch nicht nachließ. Das jährliche Meeting wurde zu einer etablierten Austauschplattform zwischen Divisionen und Einkauf und Initialzündungen für viele produktorientierten Aktivitäten.

Die „Key-Parts-Liste" war nach wie vor der Fokus und die Agenda. Bei manchen Divisionen, wo die Produkte stärker standardisiert waren, wurde der „Produktkosten Report" als eine verbesserte Variante eingesetzt. Neben den Problemen in der Supply Chain, die während der Krisenzeit den Hauptfokus darstellte, neuen Forderungen bezüglich Kostensenkung standen nun im Mittelpunkt: Make or Buy, Standardisierung der Komponenten, Hinterfragung mancher technischen Anforderungen etc. Mehrere gemeinsame Projekte zur Produktkostensenkung („Design-to-Cost") wurden dabei initiiert. Informationen über geplante Aktivitäten oder zu erwartende Veränderungen wurden ausgetauscht, z. B. neue Kundenprojekte, Produktentwicklung, Produkteinführung oder Fertigungsverlagerung. Auch Möglichkeiten zur weiteren Verbesserung des Arbeitsprozesses, z. B. die Übergabequalität der technischen Unterlagen, waren Gegenstand der Diskussionen. Der Austausch erreichte fast alle Aspekte der Zusammenarbeit.

## 6.4.1   Produkt-Sourcing-Strategie

Eine wichtige Erkenntnis aus dem intensiven Austausch war die Sichtweise der Einkaufsstrategie. Während der Einkauf traditionell die „Material-Kategorie-Strategie" als Einkaufsstrategie ansah, konnte man hier auch eine andere Sichtweise, die Produktsicht, haben. So waren beispielsweise folgende Aspekte aus der neuen Sicht von Bedeutung:

- Strategie der jeweiligen Divisionen und deren Produkte
- Sicherstellung der Lieferung von Key-Parts, zeitlich und qualitativ
- Schnelligkeit und Flexibilität bei Kapazitätsanpassungen
- Reibungslose Produkteinführung oder -kündigung
- Die Kostenentwicklung der Komponenten sollte mindestens die Preisentwicklung des Produktmarktes kompensieren.
- Die Gewährleistungs- und Zahlungsbedingungen sollten möglichst den Spielregeln des Produktmarktes entsprechen.
- Verkürzung der Produktlieferzeit
- Die Beziehung der Key-Lieferanten zu unseren Konkurrenten und End-Kunden (u. a. wichtig für das nachgelagerte Ersatzteilgeschäft)
- Zeitliche und örtliche Verfügbarkeit der Komponenten als Ersatzteile nach Verteilung der Kunden etc.

Diese Aspekte/Forderungen waren valide und wichtig aus Sicht der Divisionen. Sie konnten aber nur teilweise von den „Material-Kategorie-Strategie" abgedeckt werden. Mit anderen Worten, die Divisionen erwarteten eine Versorgungsstrategie, die die Lieferungen für ihr Geschäft und ihre Produkte langfristig absichert.

Im Lauf der Jahre haben wir deswegen eine „Produkt-Sourcing-Strategie" unter der Verantwortung der Division-Assignees etabliert, als zentrales Arbeitspapier in Zusammenarbeit mit den Divisionen. Es beinhaltete die generellen und produktspezifischen Forderungen der Divisionen und auch die erste Antwort der Einkaufsabteilung. Die Einkaufsstrategie bestand nun aus zwei Teilen: „Produkt-Sourcing-Strategie" und „Material-Kategorie-Strategie". Das war eine weitere Auswirkung der Produkt-Lieferant-Matrix. Während die Produkt-Sourcing-Strategie die divisions- und produktorientierten Anforderungen/Maßnahmen enthielt, fokussierte die Material-Kategorie-Strategie auf die divisionsübergreifenden Möglichkeiten (Synergie!). Die drei Beispiele in Kap. 3 und ein weiteres Beispiel in Abschn. 7.2 verdeutlichen dies.

Der Name der Austausch-Plattform hatte sich auch geändert, vom ursprünglichen „Key-Parts-Meeting" zum Meeting für die „Produkt-Sourcing-Strategie". Gegenüber der „Key-Parts-Liste" war die „Produkt-Sourcing-Strategie" inhaltlich deutlich umfangreicher und vielschichtiger. Sie spiegelte den aktuellen Fokus und die Erwartungen an den Einkauf zum jeweiligen Zeitpunkt. Während der Krisenzeit lag der Fokus mehr auf der Stabilisierung der Supply Chain, verschob sich in der normalen Zeit jedoch mehr auf die klassischen Themen, wie Kostensenkung etc. Da die Produkt-Sourcing-Strategie strukturierte Inputs lieferte, bestimmte sie dadurch auch den Arbeitsschwerpunkt für die folgenden Schritte „Material-Kategorie-Strategie" und „Supplier Management". Das war der Grund, dass wir auch in der normalen Zeit weiter an dem Drei-Schritte-Prozess festhielten.

## 6.4.2   Der Drei-Schritte-Prozess als Rahmen und Struktur

Der modifizierte Drei-Schritte-Prozess, bestehend aus „Produkt-Sourcing-Strategie", „Material-Kategorie-Strategie" und „Supplier Management", war nicht als Beschreibung von strengen zeitlichen Abfolgen jeder einzelnen Aktivität zu verstehen. Er bot vielmehr einen Rahmen oder eine Struktur an für alle Offline-Aktivitäten, inkl. kategorieorientierte und produktorientierte Aktivitäten. Das jährliche Meeting der „Produkt-Sourcing-Strategie" bildete den Auftakt des Prozesses und formulierte die Anforderungen und Erwartungen für das Jahr. Ihm folgten die Definitionen/Modifizierungen der „Material-Kategorie-Strategie" und andere produktorientierte Aktivitäten in einzelner Kategorie als Antworten. Die Implementierungen geschahen im Online-Prozess und wurden von dem „Supplier Management" begleitet und überwacht. Alle unsere Offline-Aktivitäten durchliefen diese drei Phasen und ließen sich auch damit strukturieren.

Man konnte den Ablauf relativ einfach mit einer klassischen Arbeit „Rahmenvertrag für Standardteile" als Beispiel für kategorieorientierte Aktivitäten verdeutlichen. Die erste Phase war die Sammlung und Strukturierung der Bedürfnisse und der neuen Anforderungen aller Divisionen. In der zweiten Phase waren die klassischen Arbeiten für eine Kategorie, wie z. B. Marktanalyse, Lieferantenbewertung, -vergleich und -auswahl, Strategiedefinition bis hin zur Verhandlung und Vertragsschließung. Dieser **Sourcing-Prozess** mit dem Fokus auf eine Kategorie war relativ reif und bildete auch den Arbeitsschwerpunkt der strategischen Einkäufer. In der dritten Phase begleitete und sicherte der strategische Einkäufer die Implementierung durch regelmäßiges(n) Controlling und Austausch mit den Lieferanten.

Auch die produktorientierten Aktivitäten ließen sich mithilfe dieses Prozesses organisieren und strukturieren. In der ersten Phase wurden die Aktivitäten initiiert und definiert. In der zweiten und dritten Phase wurden die Maßnahmen in einzelnen Kategorien von den jeweiligen strategischen Einkäufern erarbeitet und implementiert. Der Division Assignee koordinierte und steuerte die Aktivitäten aus der Sicht und nach dem Bedarf eines Produktes.

### 6.4.3  Input und Output des Drei-Schritte-Prozesses

Die Inputs des Prozesses waren sehr vielfältig. Sie ließen sich nach ihrer Herkunft in drei Blöcke gliedern: Die Inputs von Produktmärkten und Divisionen, die Inputs der Supply Chain inkl. des operativen Einkaufsprozesses und die Inputs der Lieferantenmärkte. Die Inputs aus den ersten zwei Quellen stellten häufig neue Forderungen oder Erwartungen dar, z. B. bezüglich der Produktkosten, Lieferzeit aber auch Effizienz in der Abwicklung. Sie wurden in der „Produkt-Sourcing-Strategie" strukturiert und priorisiert. Die Inputs aus den Lieferantenmärkten, z. B. neue Lieferanten, neue Geschäftspraktiken, Veränderungen der vorhandenen Lieferanten und der globalen Lieferkette, Währungsschwankungen etc., wurden hauptsächlich in der Bearbeitung der „Material-Kategorie-Strategie" benötigt und flossen damit in die Strategie ein.

Die konkreten Ergebnisse des Prozesses waren die ausgewählten Lieferanten, verhandelten Lieferbedingungen und Preise etc. und dienten als Input für den Online-Prozess. Sie wurden von den strategischen Einkäufern im ERP-System gepflegt und zur Verfügung gestellt. Die Ergebnisse wurden erst durch Einsetzen in Bestellungen verwirklicht. Daneben gab es auch Soft-Ergebnisse, wie beispielsweise ein gutes Image auf dem Lieferantenmarkt oder gute Beziehungen zu den Lieferanten, die ebenfalls von Bedeutung für die Firma waren.

### 6.4.4  Methodiken im Drei-Schritte-Prozess

In der Einkaufswelt waren viele bewährte Methodiken oder Arbeitspakete vorhanden. Einige davon wurden in der Vergangenheit auch bei uns eingesetzt. Allerdings wurden sie häufig als Einzelaktionen durchgeführt, ohne sie im Prozess zu verankern. Der Drei-Schritte-Prozess bot einen Rahmen an, um sie (im Folgenden mit Fettschrift dargestellt) systematisch zu integrieren.

Wenn wir die Key-Parts-Liste im Rahmen der „Produkt-Sourcing-Strategie" durchgingen, war **Make-or-Buy** eine ständige Abwägung, nicht nur für die

Komponenten, sondern auch für die einzelnen Arbeitsschritte im Assembly. Die Möglichkeit zur **Standardisierung** der Komponenten oder Module kam automatisch zur Sprache. Gleichzeitig wurden auch produktorientierte Aktivitäten, wie z. B. **Design-to-Cost** für existierende oder **Early-Involvement** für neue Produkte initiiert.

In der „Material-Kategorie-Strategie" Phase waren die Aktionen einerseits abhängig von den einzelnen Kategorien. Zum Beispiel konnten im Bereich der kleinen Standardteile **Kanban/VMI** oder **Katalogeinkauf** eingesetzt werden. Für die anderen Standardteile waren auch **e-Auction** oder **Branding** eine Option. Andererseits verfolgten alle Kategorien auch gemeinsame Ziele: maximale **Bündelung** über allen Divisionen, um **Synergie** zu generieren; eine möglichst stabile **Lieferantenbasis** zu etablieren, dabei mussten immer wieder die alten und neuen **Lieferanten evaluiert und klassifiziert** werden; möglichst viele Lieferanten mit (einheitlichen) **Rahmenverträgen** und am besten noch mit Preislisten zu versehen.

In der letzten Phase „Supplier Management" wurde die **Lieferanten-Performance** permanent beobachtet. Die regelmäßigen Meetings stellte die **Lieferanten-Kommunikation** sicher, um die existierenden Probleme zu besprechen und auch, um mögliche **Win-Wins**, z. B. Investition der Lieferanten passend zu unserem Bedarf, zu identifizieren.

Einen Unterschied in den Auswirkungen, ob eine Methodik im Prozess eingebunden war, konnten wir bei uns am Beispiel **Lieferanten-Entwicklung** sehen. Vor der Einführung des Drei-Schritte-Prozesses wurde sie als „Feuerwehr" eingesetzt. Ein Team mit drei Personen wurde dort hingeschickt, wo es gerade die größten und akutesten Liefer- oder Qualitäts-Probleme gab. Der Einsatz war daher nicht planbar und wurde ausschließlich von plötzlichen Ereignissen bestimmt. Die Zielsetzung des Einsatzes und damit auch die Ergebnisse waren dadurch singulär und kurzfristig. Mit der Einführung des Prozesses wurde das Team in erster Linie nur zum Zweck „Aufbau einer Lieferantenbasis" eingesetzt, als ein Teil der Implementierung der „Material-Kategorie-Strategie". Die Auswirkungen waren deutlich strategischer und nachhaltiger. Ein positiver Nebeneffekt war auch, dass das Team dank der besseren Planbarkeit mehr Projekte (bis zu 10–12 Projekte gleichzeitig) als vorher durchführen konnte.

Abb. 6.4 zeigt einen Überblick der Einbettung der verschiedenen Methodiken oder Arbeitspakete in unserem Prozess.

Der modifizierte Drei-Schritte-Prozess stellte eine strukturierte Arbeitsabfolge von den Key-Parts zu den Key-Suppliers dar. Er beinhaltete und strukturierte alle unsere Offline-Aktivitäten, sowohl während der Krisen als auch in der normalen Zeit. Er sortierte die komplexen Inputs und bot einen Rahmen für die Integration

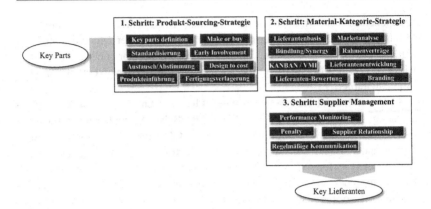

**Abb. 6.4:** Einbettung der Offline-Aktivitäten und der Methodiken/Arbeitspakete in den „Drei-Schritte-Prozess"

vieler Methodiken/Vorgehensweise. Wir haben ihn deshalb als unseren **„strategischer Einkaufsprozess"** definiert und dauerhaft beibehalten.

## 6.5    Operativer Einkaufsprozess

Alle Online-Aktivitäten wurden in unserem **„operativen Einkaufsprozess"** organisiert. Er fokussierte nur auf die Bestellungen/Lieferungen und war ein Teil der gesamten Supply Chain. Die Schlichtheit und Effizienz war der wichtigste Erfolgsfaktor. Nur bestellungsindividuelle Aktivitäten aus Prozess- oder rechtlichen Gründen waren enthalten. Jede Rückfrage, Abstimmung oder Diskussion während der Abwicklung stellte einen Verzug dar und sollte vermieden werden. Das setzte voraus, dass alle notwendigen Informationen für die Bestellungen von dem **„strategischen Einkaufsprozess"** bereits vorbereitet und in ERP-System gepflegt waren (z. B. Sachnummer, Lieferanten, Preis, Lieferzeit etc.). Das setzte ebenfalls voraus, dass die Eingaben der Bedarfsträger eindeutig waren und den Prozessanforderungen entsprachen, wie bereits in Abschn. 5.2.1 erwähnt wurde. Der richtige Adressat eines PRs war eine weitere Voraussetzung.

Der Prozess für die meisten Artikel bestand dadurch nur aus wenigen, unabdingbaren Schritten (Abb. 6.5).

Für Bestellungen von der Kategorie „Divisionspezifische Teile" wurde ein anderer Prozess eingesetzt. Es handelte sich hier um die hochwertigen, technisch

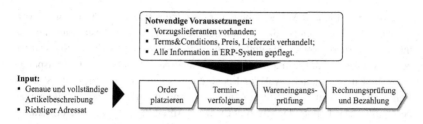

**Abb. 6.5**  Der normale Bestellprozess

komplexen, aber zahlenmäßig sehr limitierten Teile (<1–2 %) im Anlagengeschäft (Abb. 6.6).

In der Durchführung waren der Division Assignee und der operative Einkäufer gemeinsam verantwortlich. Während der Division Assignee für die ersten vier Schritte zuständig war, war der operative Einkäufer für die weiteren Schritte verantwortlich.

Eine weitere Variante war der Bestell-Prozess für das Ersatzteil-Geschäft. Der Prozess hatte im Vergleich zu dem normalen Bestellprozess in Abb. 6.5 einen Schritt mehr, „Angebot einholen und Verhandlung". Der Grund war, dass man oft wegen der besonderen Lieferanforderungen (Lieferzeit, Losgrößen oder Lieferort) ein eigenes Angebot einholen und verhandeln musste. Dabei wurde darauf geachtet, dass die bereits gepflegten Datensätze im System, wie z. B. Sachnummer, Lieferanten-Information, weiter genutzt wurden und konsistent blieben.

Damit bestand der „**operative Einkaufsprozess**" aus drei Varianten für die gesamte Firma.

Die Effizienz des operativen Einkaufsprozesses hing im hohen Maß von den Ergebnissen des strategischen Einkaufsprozesses ab. Das ließ sich auf zwei

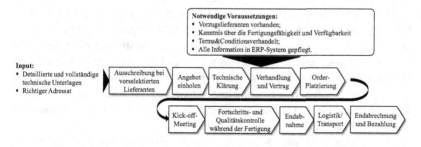

**Abb. 6.6:**  Der Bestellprozess für „divisionspezifische" Teile

Ebenen verdeutlichen. Auf der Ebene der einzelnen Bestellungen, waren die Vorauswahl der Lieferanten, die Verhandlungsergebnisse, die Abstimmungen mit internen Partnern sowie Datenpflege in ERP-System entscheidend. Sie wurden bei uns mithilfe des „Internen-Effizienz-Reports" (Abschn. 5.2.1) transparent dargestellt und gesteuert. Auf der Ebene einer Kategorie hing sie stark von der Frage ab, wie viele Bestellungen nötig wären, um das gesamte Volumen zu beschaffen. Das konnte wiederum nur von der Arbeit des „strategischen Einkaufsprozesses" verbessert werden, wie das Beispiel „Kategorie Strategie für Standardteile" (Abschn. 3.3) zeigte. Wir hatten dafür eine spezifische Kennzahl eingeführt („Das Einkaufsvolumen pro Orderline"), um die jährliche Effizienz-Erhöhung in der einzelnen Kategorie zu messen. In den fünf Jahren war diese Kennzahl kontinuierlich gestiegen und insgesamt wurde eine Verbesserung von 28,1 % über alle Kategorien erreicht. Das bedeutete, dass wir für das gleiche Volumen ca. 28 % weniger Bestellungen platzieren mussten und viele Ressourcen im operativen Einkaufsprozess einsparen konnten. Daher war eine wichtige Voraussetzung für die kontinuierliche Effizienzerhöhung, dass der strategische Einkäufer über das Geschehen im operativen Einkaufsprozess bestens Bescheid wusste und es auch in der Material-Kategorie-Strategie berücksichtigte.

Es bestätigte unsere Vermutung vom Anfang. Wenn die Offline-Aktivitäten im strategischen Einkaufsprozess gut organisiert waren, konnte der Online-Prozess (operativen Einkaufsprozess) reibungslos und effizient ablaufen. Umgekehrt mussten viele Offline-Aktivitäten auch im Online-Prozess erledigt werden, was sicherlich zur Ineffizienz führte, wie wir es am Anfang hatten.

## 6.6     Prozesse im Einkauf

Unsere gesamten Aktivitäten in der Einkaufsabteilung ließen sich nun mit drei Prozessen zusammenfassen. Abb. 6.7 zeigt sie auf einen Blick.

Durch das Trennen von Online- und Offline-Aktivitäten im allgemeinen Einkaufsprozess in Abb. 6.1 hatten wir zwei große Gruppen von Aktivitäten, die jeweils mit dem **operativen Einkaufsprozess** und dem **strategischen Einkaufsprozess** organisiert und abgedeckt waren. Während der operative Einkaufsprozess auf Effizienz und Schlichtheit setzte, umfasste der strategische Einkaufsprozess eine Vielzahl von Teilprozessen und lose Aktivitäten. Alle Aktivitäten im Einkauf, bis auf Controlling und Reporting, konnten mit den beiden Prozessen abgedeckt und sinnvoll zueinander angeordnet werden.

Das „Controlling und Reporting" bildete einen separaten Prozess. Alle Reporte setzten auf die Auswertung der laufenden oder durchgeführten

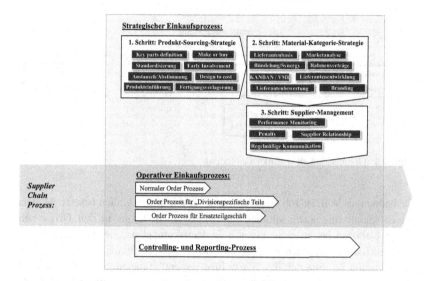

**Abb. 6.7** Überblick über alle Prozesse im Einkauf

Bestellungen und lieferten Hinweise für eine Bewertung und Verbesserung von operativen und strategischen Einkaufsprozessen.

Diese Prozesse lieferten zugleich auch die Grundlage für unsere Organisation.

## 6.7 Organisation

Der Aufbau unserer Organisation fand parallel statt. Mit der Entwicklung der Prozesse wurde die Organisation immer reifer und detaillierter, insbesondere bei der Definition der Verantwortlichkeiten und der Zusammenarbeit.

Abb. 6.8 stellt die Organisationsform dar. Während die Division-Assignees verantwortlich für die erste Phase „Produkt-Sourcing-Strategie" des strategischen Einkaufsprozesses und alle produktorientierten Aktivitäten waren, waren die strategische Einkäufer zuständig für die zwei anderen Phasen, „Material-Kategorie-Strategie" und „Supplier Management". Das Team „operativer Einkauf" war zuständig für alle Aktivitäten im „operativen Einkaufsprozess".

Die größte Veränderung war die Besetzung und Rollendefinition der Division-Assignees. Während sie am Anfang nur als Interface-Funktion für wenige Divisionen und als Part-Time Job eingeführt worden waren, wurden sie für alle

**Abb. 6.8** Organisation einer Einkaufsabteilung

Divisionen als Vollzeit-Job eingeführt und oft mit besten Leuten besetzt. Manche waren gleichzeitig auch Mitglied des Management-Teams in den Divisionen. Diese Kollegen hatten nicht nur die Einkaufskompetenz, sie waren auch vertraut mit den technischen Anforderungen und den Produkten in der jeweiligen Division. Sie verkörperten das „Early Involvement", fungierten als „Procurement Engineer" bei der neuen Produktentwicklung und waren zuständig für alle produktorientierten Aktivitäten. Für die Divisionen mit Anlagengeschäft agierten sie zusätzlich als strategische Einkäufer für sogenannte „Divisionspezifische Teile". Sie wurden zu einer zentralen Rolle in der Organisation ausgebaut. Mit der Einführung dieser Rolle waren die Geschäftsorientierung des Einkaufs und auch die Effizienz der Kommunikation stark gestiegen. Damit haben wir uns eindeutig für die Variante B der Abb. 6.2 entschieden.

Innerhalb des „strategischen Einkaufsteams" und „operativen Einkaufsteams" waren sie nach Kategorien aufgestellt. Das indirekte Material bildete eine eigene Kategorie und die Vorgehensweise unterschied sich nicht im Wesentlichen von anderen Kategorien. Die jeweiligen strategischen und operativen Einkäufer für eine Kategorie arbeiteten in einem Team und saßen räumlich nah beieinander. Das stellte sicher, dass die Ergebnisse der strategischen Arbeiten in den operativen Einkaufsprozess implementiert und die Probleme im operativen Prozess zeitnah durch „Material-Kategorie-Strategie" berücksichtigt wurden. Mit den Division-Assignees als Vertreter des Einkaufs in den Divisionen, bildeten die strategischen und operativen Teams einen divisionsunabhängigen Pool mit starker Verarbeitungskapazität und großer Flexibilität. Das war ein großer Vorteil für eine Firma mit vielen volatilen Geschäftsfeldern.

Da die Projekte für Lieferanten-Entwicklung überwiegend im Rahmen der Implementierung von Material-Kategorie-Strategie initiiert wurden, ist das Team ein Teil des strategischen Einkaufs geworden.

Parallel fanden zwei Veränderungen kontinuierlich statt.

Die erste Veränderung war zwischen den Division-Assignees und strategischen Einkäufern auf der Komponenten-Ebene. Wie bereits beschrieben, waren die Division-Assignees u. a. zuständig für divisionspezifische Teile. Bei der Definition der divisionspezifischen Teile waren zwei Bedingungen wichtig: Das Teil wurde nur von einer Division benötigt und seine Fertigung musste besondere Anforderungen erfüllen. Mit der Zeit konnten sich jedoch die Situationen ändern, z. B. der Fertigungsprozess wurde immer reifer und mehrere Lieferanten konnten ihn fertigen. Die Zuständigkeit für dieses Teil sollte logischerweise zu einer anderen Kategorie wandern. Das war ein fortdauernder Prozess. Mit frei-werdender Kapazität konnten die Division-Assignees wiederum neue Heraus-forderungen aus Divisionen annehmen.

Die zweite Veränderung war zwischen dem operativen Einkaufsteam und den anderen auf der Ressourcen-Ebene. Im Lauf der Jahre, als der operative Ein-kaufsprozess immer reibungsloser verlief, wurden nicht nur die strategischen Einkäufer oder die Division-Assignees weitgehend von der Abwicklung befreit, sondern auch das Personal vom operativen Einkaufsteam. Mehrere operative Einkäufer arbeiteten dann als strategische Einkäufer oder Division-Assignees. Wir hatten in den fünf Jahren einen Manpower-Verlust von 6 % zu verkraften. Dennoch fanden die Verstärkung des Teams „Division Assignee" und das Vervoll-ständigen der Funktionen ohne neue Einstellungen statt. Das war für uns ein sehr positiver Trend und vom Anfang an beabsichtigt. Wir glaubten, dass mit weiteren Maßnahmen zur Effizienzerhöhung im operativen Einkaufsprozess, z. B. Auto-matisierung der Bestellungen, der Trend noch weiter anhalten würde.

Diese Veränderungen fanden kontinuierlich statt. Allerdings passierten die Justierung der Zuständigkeiten oder der Personalressourcen nicht immer auto-matisch. Das Managementteam war hier aufgefordert, rechtzeitig die Anpassung vorzunehmen.

Die Einführung der Prozesse markierte ein neues Niveau in unserer Ent-wicklung zu einer professionellen Einkaufsabteilung. Die Verantwortlichkeit der einzelnen Personen und die Zusammenarbeit zwischen ihnen wurden klar definiert. Auch die Zusammenarbeit mit anderen Abteilungen wurde systematisch gestaltet. Der Einkauf wurde einen respektierten Partner in der Firma.

Die Erfolge ließen sich auch in Zahlen wiedergeben: Die Einsparungen lagen durchschnittlich bei 8 % über die Jahre; die Liefertreue war von ca. 75 % auf 94,5 % gestiegen; die Fehlerquote der Lieferanten war um 54 % gesunken; das Einkaufsvolumen pro Orderline war um 28 % gestiegen. Dabei war die Kopfzahl um 6 % gesunken bei einem schwankenden Einkaufsvolumen.

## 6.8    Fazit

Rückblickend stellten wir fest, dass unsere Prozesse und Organisation auf zwei Erkenntnissen basierten.

Die erste Erkenntnis betrifft die unterschiedlichen Bedeutungen der Online- und Offline-Aktivitäten. Die Unterscheidung war eindeutig und ersparte uns eine schwierige Diskussion darüber, welche Aktivitäten strategisch oder operativ waren. Dennoch führte sie uns schließlich zu den beiden Prozessen: der operative und der strategische Einkaufsprozess. Und sie definierte und begründete auch die Wechselwirkung der beiden Prozesse.

Die zweite Erkenntnis war die Produkt-Lieferant-Matrix. Sie führte zu einer Detaillierung nicht nur bei der Einkaufsstrategie („Material-Kategorie-Strategie" und „Produkt-Sourcing-Strategie"), sondern auch bei den Offline-Aktivitäten (kategorie- und produktorientierte Aktivitäten). Die produktorientierten Aktivitäten spielten bei einer nur von Kategorie dominierten Organisation eine untergeordnete Rolle. Die Erkenntnis erinnerte uns daran, dass alle Aktivitäten bei einer neuen Gestaltung berücksichtigt werden mussten.

Der daraus resultierte strategische Einkaufsprozess beinhaltete alle Offline-Aktivitäten. Wichtige Arbeitsbereiche, wie z. B. Sourcing oder Supplier Management, wurden ein Teil des Prozesses. Auch viele Methodiken/Arbeitspakete im Einkauf konnten integriert werden. Ein Schwerpunkt des Prozesses war die Berücksichtigung des Geschäftsbedarfs und die Zusammenarbeit mit den Divisionen. Sie wurden nicht nur standardisiert und integriert, sondern bildeten den Auftakt für den gesamten strategischen Einkaufsprozess.

# Neue Möglichkeiten 7

Eine gut aufgestellte Einkaufsabteilung mit tiefem Verständnis für den Geschäfts-
bedarf konnte das Potenzial des Lieferantenmarktes viel besser ausschöpfen und
einen größeren Beitrag für die Firma leisten. Folgende zwei Beispiele verdeutlichen dies. Sie wären in einem Umfeld, in dem der Einkauf nur passiv reagiert,
nicht vorstellbar.

## 7.1 Produktorientierte Aktivitäten: Design-to-Cost

Produktkosten und -lieferzeit waren fast überall wichtigster Erfolgsfaktor in einer
Firma. Mit fundiertem Know-how über den Lieferantenmarkt und einer pro-
aktiven Arbeitsweise konnte der Einkauf einen großen Beitrag dazu leisten. Nach
drei Jahren der Umstrukturierung führten wir jährlich ca. fünf produktorientierte
Projekte mit großem Erfolg durch.

Die Projekte wurden in jährlichen Meetings „Produkt-Sourcing-Strategie"
als Maßnahme bzgl. eines Produktes initiiert und definiert. Die Projekte wurden
von Division-Assignees geleitet, mit Beteiligung von Produktmanagern, Design-
Engineers und strategischen Einkäufern. Das Tool „Produktkosten-Report" spielte
dabei eine zentrale Rolle. Es lieferte die Baseline und dokumentierte die Fort-
schritte. In mehreren Workshops gingen die Teilnehmer durch die Key-Parts
und diskutierten Stück für Stück die Möglichkeiten einer Kostenreduktion. Die
technischen Anforderungen wurden genauso hinterfragt wie die Kostentreiber im
Fertigungsprozess. Neue Alternativen auf dem Lieferantenmarkt wurden vorgestellt
und evaluiert. Bei manchen Themen wurden auch Lieferanten einbezogen. Die
daraus abgeleiteten Maßnahmen führten entweder zu modifizierten Designs oder zu

© Der/die Herausgeber bzw. der/die Autor(en), exklusiv lizenziert durch
Springer Fachmedien Wiesbaden GmbH, ein Teil von Springer Nature 2020
T. Zhu, *Aufbau einer professionellen Einkaufsabteilung*, essentials,
https://doi.org/10.1007/978-3-658-31643-3_7

neuen Lieferanten. Diese Projekte führten fast in allen Fällen zu einer Reduktion der Produktkosten von ca. 15–20 %.

In manchen Projekten ging es gleichzeitig auch um die Verkürzung der Lieferzeit. Die gesamte Abwicklungskette, von Stückliste-Erstellung und PR-Kreieren von Divisionen über PO-Platzieren im Einkauf, Order-Durchführung von Lieferanten bis zur Montage im eigenen Werk, wurde optimiert. Dabei war die Paketierung der Bestellungen auch ein wichtiges Thema. Es wurde eine Lieferzeitverkürzung von bis zu 30 % erreicht. Dabei wurde unser eigener Prozess, sowohl in den Divisionen als auch beim Einkauf, ebenfalls optimiert.

Diese Projekte waren aus vielerlei Hinsicht positiv. Sie brachten nicht nur den direkten Beitrag für ein Produkt, sondern die Maßnahmen ließen sich oft auf andere Produkte übertragen. Zusätzlich verbesserten und vertieften die Projekte die internen Kooperationen und Verständnisse. Nach anfänglichen Erfolgen wurden sie zu einem Standardbestandteil unseres Arbeitsprogramms.

## 7.2    Innovation in der Material-Kategorie-Strategie: Branding

Das zweite Beispiel war eine klassische Kategorie-Arbeit. Die Firma kaufte seit eh und je elektrische Motoren in größeren Mengen. Aufgrund der Tradition der einzelnen Divisionen hatten sie jeweils eigene bevorzugten Lieferanten/Marken. Eine Bündelung, damit auch eine weitere Kostensenkung, war fast nicht möglich. Elf Lieferanten waren gleichzeitig im Einsatz.

Der Einkauf hatte eine neue Strategie vorgeschlagen: Durch die Kooperation mit einem Lieferanten sollte ein Motor mit eigener Firma-Marke („Branding") kreiert werden, um den Bedarf im Standardbereich von allen Divisionen zu bündeln und abzudecken. Nach Zustimmung des Vorstandes wurde die Maßnahme umgesetzt. In enger Kooperation und mit proaktiver Unterstützung durch die Divisionen wurden technische Dokumente erstellt, eigenes Service-Personal geschult etc. Der erste elektrische Motor mit eigener Firmen-Marke stand sehr schnell zur Verfügung. Bereits im zweiten Jahr war die Stückzahl schon an der zweiten Stelle von allen elf Lieferanten. Die Einsparung war signifikant und deutlich höher als die, die man durch eine gewöhnliche Verhandlung hätte erzielen können. Manche Produkte, die vorher wegen zu geringer Margen ohne Motoren verkauft wurden, konnten nun mit Motoren ausgeliefert werden. Zusätzlich brachte es neue Optionen im Service-/Ersatzteilgeschäft. Der Beitrag ging weit über die monetären Einsparungen hinaus. Das Branding-Projekt war ein richtiger Erfolg und hat dem Einkauf viel Zustimmung und Anerkennung gebracht.

In den beiden Beispielen wurden weit höhere Einsparungen erzielt, als sie mit normalen Verhandlungen möglich gewesen wären. Die neu gewonnene Professionalität hat uns nicht nur von der passiven Situation befreit, sondern ermöglichte auch, neue Wege zu gehen.

# Schlusswort

8

Nach fünf Jahren gemeinsamer Anstrengungen hatten wir nicht nur uns von der passiven Situation befreit, sondern einen professionellen Einkauf aufgebaut. Wir waren respektierte Kollegen in der Firma sowie ein fairer und professioneller Partner im Lieferantenmarkt geworden. Das Ansehen der Abteilung und auch der einzelnen Mitarbeiter war deutlich gestiegen.

Rückblickend war es ein wenig erstaunlich und erfreulich zugleich, dass die gleiche Mannschaft mit „nur" besseren Arbeitsprozessen und Ausrichterungen einen ganz anderen Zustand für die Firma und für sich selbst schaffen konnte. Die Veränderungen waren umfassend und tief greifend. Sie waren nicht immer einfach, da sie oft auch eine Veränderung der Arbeitsweise der einzelnen Personen und der Arbeitskultur von allen abverlangten. Sie waren nur möglich, da alle Beteiligten offen und motiviert waren und jede(r) seine/ihre Erfahrungen proaktiv eingebracht hat. Ich persönlich war in drei internationalen Firmen in ähnlichen Positionen tätig. Die positiven Ergebnisse und auch der Veränderungsprozess selbst waren für alle Beteiligten ein lehrreiches Erlebnis, auch für die Zukunft. Nicht nur die internen Prozesse brauchen ständige Anpassungen/Verbesserungen in der Zukunft, auch der sich permanent verändernde Lieferantenmarkt bietet immer neue Risiken und neue Potenziale. Nur wenn man vorbereitet ist, wäre man in der Lage, die Risiken zu vermeiden und die Potenziale auszuschöpfen. Der Einkauf bleibt ein spannendes und herausforderndes Thema!

In der Schilderung wurden nicht nur die Ergebnisse, sondern auch viele Hintergrundüberlegungen und Sachzwänge dargestellt. Dies sollte die Leser einerseits daran erinnern, dass die Lösungsansätze unter bestimmten Bedingungen generiert wurden. Andererseits soll sie eine Ermutigung sein, bei Bedarf individuelle Lösungen im eigenen Geschäftsumfeld zu finden.

© Der/die Herausgeber bzw. der/die Autor(en), exklusiv lizenziert durch
Springer Fachmedien Wiesbaden GmbH, ein Teil von Springer Nature 2020
T. Zhu, *Aufbau einer professionellen Einkaufsabteilung,* essentials,
https://doi.org/10.1007/978-3-658-31643-3_8

# Was Sie aus diesem *essential* mitnehmen können

- Einen pragmatischen und innovativen Prozess für den strategischen Einkauf
- Ein Konzept für die Standardisierung des Austausches mit den Geschäftseinheiten
- Handlungsempfehlungen für die Kategorie Strategie
- Ein Einkaufs-Controlling mit Transparenz aus verschiedenen Perspektiven
- Ein Supplier Management, das auf neuen Ansätzen basiert und im strategischen Einkaufsprozess integriert ist

T. Zhu, *Aufbau einer professionellen Einkaufsabteilung*, essentials, https://doi.org/10.1007/978-3-658-31643-3

Printed in the United States
By Bookmasters